名师工作室成果文库

职味课堂探索实录

ZHIWEI KETANG TANSUO SHILU

杨一丹 著

光明日报出版社

图书在版编目（CIP）数据

职味课堂探索实录 / 杨一丹著 . ‒‒北京：光明日报出版社，2019.12

ISBN 978‒7‒5194‒5343‒5

Ⅰ.①职… Ⅱ.①杨… Ⅲ.①职业教育—课堂教学—教学研究 Ⅳ.①G712.421

中国版本图书馆 CIP 数据核字（2019）第 278371 号

职味课堂探索实录
ZHIWEI KETANG TANSUO SHILU

著　　者：杨一丹

责任编辑：李月娥　　　　　　　　　　责任校对：姚　红　周春梅

封面设计：中联学林　　　　　　　　　责任印制：曹　净

出版发行：光明日报出版社

地　　址：北京市西城区永安路 106 号，100050

电　　话：010‒63139890（咨询），010‒63131930（邮购）

传　　真：010‒63131930

网　　址：http：//book. gmw. cn

E‒mail：liyuee@ gmw. cn

法律顾问：北京德恒律师事务所龚柳方律师

印　　刷：三河市华东印刷有限公司

装　　订：三河市华东印刷有限公司

本书如有破损、缺页、装订错误，请与本社联系调换，电话：010‒63131930

开　　本：170mm×240mm

字　　数：253 千字　　　　　　　　　印　　张：15

版　　次：2019 年 12 月第 1 版　　　　印　　次：2019 年 12 月第 1 次印刷

书　　号：ISBN 978‒7‒5194‒5343‒5

定　　价：56.00 元

序　言

8年前，杨一丹从一所普通高中调入职业学校，我看着她一点一滴地努力、一步一个脚印地成长。从初始的茫然懵懂，到如今的步履坚定，她对教育事业的忠诚、对教学工作的付出、对科研探索的执着让我感动。

这是一个从学校土壤里"土生土长"的"双师型"教师。

她身上，有"责任担当"的入世精神。作为一个普通的教科研主任，日常工作繁重而琐碎，但她从未停下过前进的脚步。她内心安宁，心境平和，以立足本职工作的"温和而坚定"的韧性，不抱怨、不懈怠，执着坚守，真正从内心认同、热爱自己的职业，担负学校教学科研、课程建设、项目创建、大赛工作等关键任务。她在自己的岗位上默默地发光、发热。

她眼底，有"君子不器"的成长视野。作为一个一线的中职英语教师，她专注的不是单一的、割裂的学科教学，而是以博学、融通、跨界和穿越的视野与能力，在和专业知识融通中寻求课堂教学的变革。她在教育实践中敏锐地发现问题，寻求新的思维增长点，将问题转化成研究课题，在鲜活的教育教学实践中寻找破解问题的方法，在"职味课堂"的推广实践中实现自己的价值，实现了从自发到自觉的蜕变。

教师的专业发展是在不满现实、改造现实和创造现实中前进的，学校给予她丰厚的成长土壤，而对教育现实的改良与创造，则凝聚着她自身的痴心与梦想、执着与坚持。透过她的研究，以及她对职业教育教学的独特理解，我可以感受到她"登山不以艰险而止，必臻乎峻岭"的坚定。我欣慰地看到一个一线教师蓬勃向上的专业成长。

衷心祝愿杨一丹的"职味"之路越走越宽！

是为序。

2019 年 4 月 8 日

（作者系江苏省海门中等专业学校校长）

目　录
CONTENTS

第一章

"职味课堂" 研究的缘起

第一节 对职教课改的理性审视

在喧嚣中回归原点

经历几个世纪的喧嚣变迁，繁华落尽，职业教育又在寻找出发的原点。

所谓的"回归原点"，就是要回归事物应有的本然样态，事物本真的核心始点。职业教育的原点是什么？是职业教育出发的本然依据，以遵循职业教育发展的本质和规律为理性标尺，以体现职业教育的创新和特色为应然追求，以实现职业教育的培养目标为根本旨归，确立推进职业教育发展的始点范式和目标遵循。我们要回归职业教育的原点，就要锁定职业教育发展的正确方向，明确职业教育发展的逻辑起点，找到职业教育践行的正确路径。

如何回归职业教育的原点呢？

回归原点，职业教育要"溯本源"。现在，很多教育者热衷于积极研究、创造多种先进的教学方法来传授所谓的经典知识，这种教育的工具主义倾向要引起我们的警惕：教育的繁荣不能依赖单纯的教学法变革去增产。职业教育的本源是什么？很明确，学生接受职业教育的目的不是为了记住已经被证明、确信无疑的知识，而是为了发现新知识、形成新技能、解决新问题。职业教育应借鉴师徒制教育模式，让学生在真正的工作环境中，通过对教师教学实践的观察、模仿和接受教师的具体指导，逐渐体悟职业的隐性经验或缄默知识，不断掌握专业技能和情境智慧，回溯到职业教育的本源。

回归原点，职业教育要"通人性"。主流的教育模式偏重静态知识的传输和记忆，却忽略了同等重要的非认知能力的培养。现在的教育模式被隐喻为工厂模式，对于那些擅长动手的学生，流水线式的快餐培养扼杀了他们的智能发展，这无疑是不公平的。职业教育不应该像工业生产一样将教学模式标准化，而是应该建立起每个学生独特的解决方案，当然，这需要个性化课程的支持。职业教育应给予每一个学生自由成长的公平机会，注重培养学生的非认知性技能——驱动力和适应性技能；把工作实践与学习有机地结合起来，80%的学习内容不是在教室里教授，而是让学生通过实际生活、实践项目，在实践和团队合作中完成，以此达到最佳的学习效果。

回归原点，职业教育要"接地气"。教育要培养符合时代需求和社会需要的人才，而工业化的教育——线性批处理模式已经不适合时代和社会的要求。把学生放在应试教育的大机器上，又削、又磨、又轧，把一个个禀性不同、兴趣不同、爱好不同、各有特色的学生，琢磨成统一尺度的应试"英才"，显然与教育的发展规律相悖。职业教育的理念要契合教育的农业模式理论，即像培育庄稼一样培养人才，不同的秧苗按不同的特性施肥、撒药、管理，提供阳光和雨露，赋予成长的自由，然后等待收获的那一天。

回归原点，职业教育要"重职业"。"职业化"是职业教育最显性的本质。职业教育经过漫长的历史发展，在一些人眼里，似乎走向了"重职业、轻人文"的"歧途"，将学生的文化匮乏、知识浅薄、精神空虚归咎于此，他们呼吁职业教育需要"纠偏"，弱化其"工具性"，回归"人文教育"。笔者认为，重视学生的人文素养值得提倡，但回归原点，不能无视职业教育的本质，更不能退回"学科教育"的老路。换而言之，回归原点必须是在"重职业"，坚持"能力本位"的前提下重视学生人文素养的教育。

回归原点，职业教育要"强实践"。"实践化"是职业教育最根本的特征。归根结底，职业教育是培养人才技术技能的教育。技术技能怎么获得？"纸上得来终觉浅，绝知此事要躬行"，单纯地依靠课堂里的知识讲解、记忆背诵是远远不够的，最重要的要靠在实践中反复练习、践履躬行才能形成。职业教育要回归原点，就要回归"做""行动""实践"的根本特色，推动学生综合实践能力的构建与发展。

（原文发表于《江苏教育》，2014 年第 1 期）

第二节 对课堂主体的现实关照

温暖学困生，点亮中职英语课堂

每个孩子来到世间，天赋条件不同、家庭背景不一、成长环境各异，必然存在身心发展的不平衡。我们把那些在学习方面发展处于劣势的学生称之为"学困生"。进入职业学校的学生往往学习基础薄弱，认为自己不是学习的料，以混毕业证为最终目的。英语学科的学困生常以学英语"没有用""学不会"为借口逃避，心智活动消极，让教师头疼而无奈，学生自己也自卑而消沉。

教育的本质是促进每一个生命个体在爱的阳光雨露下健康茁壮地成长。所以我们不该让学困生在无人注视的角落里承受冷漠和绝望。职业学校的英语教师要深入了解学困生内心的真实情感，找出"病灶"，对症下药，让学困生体验到成功的愉悦感，真正体现"教育公平"。

一、解析情感，破解英语"学困生"成因

1. 自身因素，学习动力缺失

英语学困生之所以被边缘化，自身因素往往是最关键的原因。一是学习兴趣缺乏，不肯学。这类学生把英语学习看成一种折磨，课堂表现冷漠，一遇到困难就半途而废，得过且过，让英语课堂变得沉闷、低落。二是学习方法缺失，不会学。这类学生有学好英语的愿望，却由于方法不对而往往事倍功半。如缺乏科学的学习计划、学习语言死记硬背、听课效率低下等。三是英语基础薄弱，学不会。有些学生在英语口语和语言运用方面胆怯生疏，语言表达得支离破碎。学困生在自我认知和评价上自暴自弃，课堂上心智活动消极，在成长过程中品尝着失败的痛苦，渐渐累积成挫败感、自卑感，越发导致学习动机、行为和兴趣的偏差或缺失，进一步加重了学习困难。

2. 家庭因素，教育行为偏差

学生行为往往折射着他们所受的家庭教育。家庭教育行为的偏差对英语"学困生"的形成有不可推脱的责任。一是"溺爱型"家庭。英语作为一门语言学科应该要不怕犯错，敢于大声说出来，语言能力才会得到提升。而家庭的过分溺爱常造成学生性格的退缩、逃避，怕苦怕累，受不了枯燥的学习生活，给"学困"埋下伏笔。二是"暴力型"家庭。在这样的家庭教育下，孩子要么被没完没了的说教唠叨、讽刺挖苦折腾得破罐子破摔，要么被打骂责罚折磨得满心怨恨，无心学习。三是"放任型"家庭。这类家庭对孩子放任不管，以致学生得过且过，对学习敷衍了事，一句懒洋洋的"I'm sorry"可以应付老师所有的提问。

3. 学校因素，教育情感漠视

新课程教育理念告诉我们：教育不是选拔适合教育的对象，而是要让教育适应每一个受教育者，且职业教育更需要用情感去诠释这一理念。然而现实并非如此。课堂教学中学困生由于英语基础差，反应相对滞后，很难赢得发言机会。课堂问答环节常被优秀生把持，学困生思考和实践的机会几乎被剥夺，只能被动地作壁上观。这严重挫伤了他们的学习积极性，进而使他们养成了思维惰性，甚至养成等待抄答案的不良习惯。而来自同学间的歧视，更加重了学困生的自卑心理，在进行"Group Work"等活动时往往会因为害怕被嘲笑而不愿参与。

4. 社会因素，评价机制偏颇

现实的教育评价机制功利色彩还比较浓厚。学生的成绩、升学率往往和上级部门对学校的考核、教师年度考核、评职称紧密相连。社会评价"以学习成绩论英雄"的情况并不罕见。以这样的尺度，片面地评价学生的优、劣显然是不公平的。学困生得不到老师和同学的认可，被冠以"差生"的称呼，沉重的心理负担常导致他们产生"破罐子破摔"极端心理。所以，越是被歧视冷落，他们越是反感厌学，越是学不好。在这样的恶性循环下，这些学困生内心烙下了深深的阴影，其健康人格的形成也受到很大影响，渐渐沦为学生中的弱势群体。

二、寻求对策，激发英语"学困生"活力

1. 用关爱和赏识感动学困生

真正的教育应该建立在对所有学生一视同仁的关爱、理解、赏识和帮助的基础之上。人与人之间的心灵距离一旦缩短，必然会产生信任和依恋，这就是所谓的"亲其师则信其道"。教师充分尊重学困生的个性，正视差距，平等交流，帮助学困生体验成功的喜悦；教师的关爱渐渐渗透到学困生冰冷的内心，让他们在愿意亲近老师的同时，将情感迁移到学习上。例如，在英语课堂教学中，学困生很难在规定时间内完成"Make a Dialogue"这个环节。这时教师不可武断叫停发言，更不可讽刺呵斥，而应耐心倾听，适当点拨，给他们表达的机会。

2. 用兴趣和潜能激励学困生

兴趣是最好的老师。教师要营造学习英语的环境和氛围，激发学困生的兴趣，并使之转化成发自内心的学习动机，然后又在动机驱动下感受到学习英语的乐趣。这就要求英语教师要学会察言观色，掌握"学困症状"。什么话题让学生提不起劲来？哪种题型最让学生感到棘手？分析原因，及时"对症下药"。

如何使学困生乐意听（引起兴趣）并且听得懂（激发潜能）？一要针对学困生的学习实际，选择贴近生活、富有趣味的教学内容。教材内容可依据学生实际需求进行删减、更换。例如，烹饪专业可选择烹饪题材的教学内容，学前教育专业可选择幼儿英语教学的内容等。面对学困生，教学起点要低，设置教学任务要切合实际，要侧重相关专业的基本知识和能力的培养。二要充分运用信息技术和网络资源。网络上的一些英语学习视频、优美的英语文本、便利的英语学习软件都可以引入英语课堂，让英语课堂变得多姿多彩，引导学困生进入积极的思维状态。三要根据学困生实际差距，实施分层教学。

3. 用成功和愉悦引领学困生

知识的形成来自思维积极活动的过程。当学困生通过积极思考找出问题的答案，就会产生成功的喜悦，而成就感的累积会促使他们愿意付出进一步的努力，从而形成"成功效应"。所以，英语教师要善于创设情境让学困生不断体验成功的愉悦感，增强学好英语的信心。

那么，如何让学困生体验到成功的愉悦呢？一要营造积极而和谐的课堂氛围。英语教师要善于以趣引思、以趣导学，让学困生在课堂上兴趣盎然。二要应用丰富多彩的教学模式。例如，"情境式"教学让学生有身临其境之感，激发其实战兴趣；"合作式"教学让学困生由被动变为主动，在团体互助下得到提高。三要设计感性而高效的教学策略。例如，教师可以让学困生参与"Copy不走样"等游戏，使他们感到自己被关注着，享受愉悦的情感体验。四是要构建真挚而多元的教学评价。英语课堂要构建以激励为主、诊断为辅的教学评价。教师要呵护学困生的每一处闪光点，不失时机地进行鼓励，切忌用冷嘲和不屑扼杀兴趣。

4. 用家校合力温暖学困生

学困生转化不是单独某一方面的事情,是需要方方面面共同努力的系统工程。一旦学困生在学校有了进步,家庭教育也要趁热打铁,紧紧跟上。英语教师要主动联系家长,争取家长的密切配合,协商最适合孩子的教育方法,对秉性不一的学困生进行有的放矢的个性化教学。只有社会、学校、家庭共同努力,形成家校合力,让学困生在这种温暖的合力的推动下,体验到英语学习的乐趣,感受到学习过程中的成就感、愉悦感,学困生的潜力才能得以发挥。

总之,所有的孩子都是生而平等的,学困生也有接受适合自己水平教育的权利。作为英语教师,我们要承认学生的个别性、差异性、多元性,用多元智能理论指导我们的英语教学。只有用关爱和尊重对学困生进行因材施教,英语课堂才会迎来一个百花齐放、百鸟争鸣的绚烂春天。

（原文发表于《新课程学习》, 2012 年第 9 期）

第三节　对名师优师的培育途径

让"精英教师"从学校大地里"长出来"

教育发展的核心是质量,关键是教师。职业学校如何直面教师专业发展的"痛点",让"精英教师"从学校大地里"长出来",是目前很多中等职业学校（简称"中职学校"）师资队伍建设的着力点。

"精英"一词最早出现在 17 世纪的法国,指的是"精选出来的少数人"或"一个群体中的优秀人物",对社会或群体的发展有着极其重要的影响和作用。国际上有一种公认的企业管理法则,叫"马特莱法则",指的是企业只要抓好这 20% 的"精英"力量的管理,让其带动 80% 的多数员工,就能提高企业效率。同样的道理,在学校管理中做好"精英教师"的培育工作,有助于打造一支教育、教学、管理的"近卫军",形成事实上的"载体"和"抓手",真正做到"招之即来,来之能战,战之即胜"。同时,"以一群人来带动另一群人",以"精英教师"的辐射影响带动整个教师群体的发展,也有助于学校师资水平的整体提升。

那么,如何让"精英教师"从学校的肥沃土壤中"长"出来呢?

一、要立足"关注人本"的逻辑起点

管理者首先要摒弃"名师速成""揠苗助长"式的功利心,回归培养"精英教师"的逻辑起点和路径——尚德精艺、品德为先、根植实践,为优秀师资的"顺产"奠定厚实基础。"精英教师"的培育要致敬职业学校广阔的绿色土地,在尊重教师个性的前提下,基于学校需求,秉持人本理念,打造特色,张扬个性。管理者首先要关注教师的需求,比如,教师对自身专业发展的愿望,对于个性展示的需求等,组织教师参加不同级别的培训、进修,完善教师定期到企业实践制度,支持教师参与校企、产学结合和专业实践能力培训,提高教师队伍的"双师"素质。管理者通过给教师搭建成长平台,提供展示才能的舞台,突围"成长的烦恼",破解"转型的阵痛",让教师"想干事、能干事、干成事"。新教育的愿景是"让每个师生都过上幸福完整的教育生活",这也是精英教师培育工程的"愿景"和"初心"。

二、要形成"适宜成长"的制度关照

职业学校最难的不是校园建设、添置设备,而是教师没有成就感、学生没有自豪感、师生缺乏进取感。因此职业学校教学质量的提升,关键在于"人",而"人"的提升,离不开"适宜成长"的制度关照。好的制度,既是一种约束,又是一种激励;反之则是一种抑制,也是一种羁绊。以海门中专为例,学校将"大赛、考核、分配"制度的创新作为重点靶向。创新大赛制度,抛开固有的思维,制定各类大赛奖惩的全新机制,以赛促教,以赛促学,以赛促改,以赛促建,有效解决了教师发展的内驱力问题;创新考核机制,坚持把"人"的发展作为一切工作的出发点和落脚点,实施"135"名师工程战略,形成"首席教师、精英教师、雏鹰教师"师资建设梯队;创新分配机制,以教师任务单为导向,进一步落实"多劳多得,优绩优酬"的绩效考核办法,奖罚分明,形成动态优化的分配机制。

三、要遵循"主体实践"的成长规律

教师是学校的生命主体,每个教师都有属于自己的教育故事,因此"精英教师"的培育理当遵循"主体实践"的成长规律,要契合教师的内在生命需求。学校不应该"预设"教师发展的框架,更不适宜用统一的"模板"去桎梏,而应该尊重教师的个性张扬和自由发展,倡导"精英教师"的成长呈现"百花齐放"之势。学校不应把"精英教师"培育工程定位成"政绩工程",不应用行政手段打造出一批"只会写论文、不会教学生"的赝品,而应该通过教师职业生涯规划,形成教师的个性化的成长途径,锻造出独特的教育教学风格。如有的教师是技能型教师,擅长技能实训教学;有的教师是研究型教师,擅长课题研究、教学成果提炼等。以海门中专为例,学校用"专业发展任务单"进行引导,实施教师专业成长三年发展规划,将各类体现教师专业成长的活动转化为"成长值",以学期、学年、三年为时间段进行集中评比考核,学校以"教师,你慢慢来"的从容心态,期待真正的"精英教师"在"实践"和"静养"中积蓄成长的力量。

四、要强调"君子不器"的发展视野

孔子在《论语·为政》里说,"君子不器"。作为君子,不能像器具那样用途单一,囿于一技之长,要学会从万象纷呈的世界里边去感悟、融通。这对于职业学校的教师尤为重要。"双师型"教师队伍的打造是职业学校师资建设的重点,无论是"双证书论""双能力论",还是"双融合论",都对职业学校教师的学习发展提出了明确的要求。"精英教师"不能局限于单一的、割裂的学科教学,而要以博学、融通、跨界和穿越的视野与能力,在和专业的融通中寻求课堂教学的变革。职业学校的教师没有"两把刷子"是不行的。尤其是在侧重职业教育"高质量"发展的当下,每位教师都要保持一种"本领恐慌"的危机感,要有一种"能力不足"的忧患感,把锻造专业精进的"真本领"作为自己的第一要务;要克服按部就班的惰性习气、唯条件论的消极思想和一味求稳的保守心态;要对职教发展的宏观大势、周边态势和自身优势有一个更加清醒的认识;要保持学习的激情和活力,具备敏锐的观察力、强劲的实践力;要有发现问题、解决问题的"真本领",在鲜活的实践探索中实现自己的价值。

五、要弘扬"责任担当"的入世精神

"责任担当"是"精英教师"坚韧的人格支撑。不可否认,现实环境对职业教育依旧存在着"傲慢与偏见",职业学校教师比普通中学教师需要面对更多琐碎、矛盾的现实生活。这就需要学校在师资队伍建设中讲究文化谋略,追求智慧管理。以海门中专为例,学校大力弘扬"工作即经营,学校即家园"的文化,坚持在"强化凝聚力""提升创造力"上下功夫,将教师的价值取

向当作"灵魂工作""聚心工程"来抓，教师形成了"我与学校同命运、共发展"的主体价值观。当"新的使命在召唤"时，一大批"精英教师"就体现了"责任担当"的勇气。他们既有想干的激情、敢干的勇气，又有会干的能耐、干成的本领，在自己的岗位上发光、发热。他们以自己实际行动赢得广大教师的信任，真正发挥示范引领作用，以"鲶鱼效应"带动"蝴蝶效应"。

教师的专业发展从来都是在不满现实、改造现实和创造现实中前进的，这种对教育现实的改造与创造除了教师自身的痴心与梦想、执着与坚持，更需要学校给予丰厚、坚实的成长土壤。在成长过程中，"时间"是最客观的见证者，"奋斗"是最美丽的姿态，"担当"是最适宜的举措，"本领"是最强硬的底气。"精英教师"要有"登山不以艰险而止，必臻乎峻岭"的坚定，才能在学校大地上"拔节成长"！

（原文发表于《南通教育研究》，2019 年第 4 期）

第四节 对职教课堂的改良畅想

理想课堂：向青草更青处漫溯

提及理想课堂，首先想到的是朱永新教授提出的理想课堂"三重境界"。"三重境界"是基于对课堂的反思。第一重境界是"落实有效教学的框架"，我们提炼为课堂要讲效率，要保底线；第二重境界是"发掘知识这一伟大事物内在的魅力"，我们理解为课堂要重视对话，要注重品质；第三重境界是"知识、社会生活与师生生命的深刻共鸣"，我们理解为课堂要有个性，追求境界。

职业教育对于课堂的把握、对于理想课堂的理解，显然和新教育理念中理想课堂的定义有差别。虽然，我们也很想推广那些光鲜亮丽，丰富多彩的优质课、公开课，但是面对基础薄弱的学生，日常课堂教学究竟如何操作、怎样真正有效地提高教育教学质量，这些公开课优质课就被推下了桌面，只能成为一种潜话语，传统教学话语成为更日常的、更为务实的学校课堂教学事实话语。

新教育主张以人的个体生命为本位，根据个人的发展需要确定教育的目标并实施教育，这就要求我们思考如何在公开课话语和传统课堂话语的矛盾之间寻求平衡点，通过课堂教学流程的最优化，让所有课堂，所有专业、学科取得显著的成效；我们希望从教师的表演改变为学生的学习，从少数课的卓越表演改变为追求每一堂课的实效；希望通过变革改变中职课堂低效的现状。我们在现实中思考、在矛盾中辨析、在辨析中变革，希望最终实现高效化、常态化的理想课堂。

理想课堂是"综合发展"的课堂。在关注学生发展核心素养的今天，教育教学最终的目标是把学生培养成"全面发展的人"，因此，理想课堂将提升学生适应终身发展和社会发展需要的必备品格和关键能力作为聚焦点，落实立德树人根本任务。我们倡导的"职味课堂"就是以学生发展为中心，以学生发展的高效为目标的理想课堂。在"职味课堂"上，学生是主体，学习活动是课堂主线，教师基于学情进行教学设计、开展教学活动，学生以自主学习、合作学习、探究学习为主要学习方式。我们希望学生"所学即所得，作品即成效"，在课堂上真正有收获、有提升。

理想课堂是"主动学习"的课堂。"学会学习"是学生发展核心素养的重要内容。在"职味课堂"上，学生真正做了课堂的主人、学习的主人、自我发展的主人；课堂真正成了学堂，是学生自主学习、合作学习、探究学习，展示自己、锻炼自己、发展自己的舞台。学生乐学、善学，勤于反思；主动参与一切学习活动，自主学习、主动合作、主动展示、主动质疑、主动释疑，彰显其主体地位。

理想课堂是"高质高效"的课堂。秉承"以就业为导向，以能力为本位、以职业实践为主线"的职教理念，我们以"任务呈现—任务分析—任务执行—问题反馈—问题解决—汇报展示—任务评估"为课堂教学活动的基本结构样式，其中包括了从职业需求出发的、具有专业特色的学习任务单，完成任务的过程中形成的合作学习小组，符合学生认知的工作模型，基于管理的完成任务的效果反馈与评价。我们通过课堂结构规范教学行为，体现职业需求、突出专业特色，引导学生自主、合作学习，记录学习过程与结果，确保质量达到一个相对高的"基准"，有效控制质量的"间差"，从而有效保障课堂的高效和活力。

理想课堂是"教学相长"的课堂。课堂是教师和学生开展活动的场所，课程建设和改革必须牢牢抓住课堂教学的"牛鼻子"，深入课堂中去。理想的课堂教学是既有助于学生成长，又有益于教师提升教学生命的课堂教学。在

"职味课堂"上，师生共同追逐理想，教师自我生命的价值和意义在创造性的课堂教学实践中得以体现，不仅教师向学生付出的积极情感使学生获得了愉快，而且学生被激发出来的学习兴趣和主动性，也让教师感受到绵延的快乐。

理想课堂在向我们招手，"职味课堂"的构建过程对我们每一个新教育人而言，都是一个追逐理想的过程。不管前面的路多么漫长和崎岖，只要我们已走在路上，就不怕遥远。

第二章

"职味课堂"的研究途径

第一节 课题引领

职业需求引领下的任务单导学模式研究

《职业需求引领下的"任务单导学"模式研究》系江苏省教育科学"十二五"规划立项课题，于2013年立项，2018年12月结题。作为一项全校师生参与的大型课题，其经过整整五年的研究，积累了丰硕的成果。

一、课题来源及研究背景

本课题为学校"国家中等职业教育改革发展示范校"建设期间的主课题之一，在高水平示范校建设期间，逐步完善为"职味任务单导学"模式研究，在现代化示范校建设期间，经过多方论证，模式修正为"职味课堂"模式研究。我们之所以选择该课题研究，主要基于当前中等职业学校的课堂教学现实，具体来说，包含如下原因。

1. 基于对课程改革的理性审视

课程改革是一项系统工程，从理论探讨到实际践行再到大面积推广绝非朝夕之功，涉及课程目标、课程结构、课程内容和课程管理等方方面面的调整和变革，绝不可能一蹴而就。课堂教学模式的探讨与研究，在基础教育范围内，已经有很多，如"五环节课堂教学模式""创新课堂教学模式""三三六课堂教学模式""271高效课堂教学模式"等。但是在职业教育界，在以学生为主体、创造性的前提下，突出职业特色、课堂高效的研究尝试并不是很多。

　　课程改革的一个显著特征是学习方式的转变，简单地说，就是提倡"自主、合作、探究"为基本特征的新型学习方式。要求我们树立新的教育理念，重新审视和考量原有的教学方式、教学行为，积极探索和寻求教育理想与教育现实的平衡点，以课改求生存、求发展、创特色，建立适合于职业学校教学实际的新的课堂教学模式。

　　2. 基于对教学现状的现实关照

　　目前中职课堂教学中依旧存在问题。一是教学目标与职业需求脱节。过于注重学科知识的传授，忽视引导学生养成积极主动的学习态度，教学目标与专业契合度不高。二是教学模式与学生实际脱节。职业学校学生本来就学习基础薄弱，让他们循规蹈矩地坐一节课听教师的"满堂灌"，对师生双方来说都是很辛苦的事。

　　因此我们把改革的重点聚焦课堂，以职业需求为引领，变革以教师为中心、教材为中心的传统教学模式，强调教师把专业教学和课改的理念转化为教学行为，从而促进学生学习行为的转变，促使学生由被动的指令接受者转为主动的任务执行者，在日积月累的潜移默化中提升学生的职业素养。

　　3. 基于对师资队伍的专业提升

　　部分老教师观念陈旧，不能摆脱传统教学方式的束缚，"讲授"占据了课堂教学时空的主体。一些年轻教师把握不住教学重点，驾驭课堂能力较差，知识储备不能满足新课改要求。

　　本课题的提出，旨在有目的地组织教师的教学创新，组织教学难点的集体攻关，进行课堂教学改革的实践探索，形成一支骨干教师队伍、一支研究型的教师队伍，从而带动我校教师的专业化发展。

　　4. 基于对教学体系的改良完善

　　以就业为导向、能力为本位、职业实践为主线是职业学校教学改革的指导思想。职业教育培养的是社会所需的应用型人才，其职业性特点要求所学、所教应紧密联系专业实际。教材是死的，但教学是活的。基于中职课堂"生成性""灵动性""职业性"的特点，课堂教学存在很大的"弹性"和"不确定性"，因此教学内容不应该是一成不变、千篇一律的。目前的课堂教学往往存在细而全，面面俱到、没有重点，课堂效率低下的现象。比如一些专业课程对地域性的职业需求并没有给予关注，一些文化课又普遍存在着和专业结合度不高的问题。

　　因此，我们应把握职教的人才培养规律，结合专业特点整合教学内容，引导学生从生活实际和岗位应用中发现问题，把知识的习得过程变为岗位任务执行的过程，使课堂教学更有针对性和实效性。

5. 基于对他山之石的借鉴创新

如皋第一中等专业学校在文化课教学中采用的"任务单导学模式"向我们展示了成功的先例。该模式源于如皋市基础教育系统的"活动单导学模式"。但基于该模式仅适用于文化基础课教学，且与职业需求紧密度不高。教育改革的魅力在于创新与超越，因此，本课题将对"任务单导学"模式进行探索和修正，直面职业岗位需求，将研究引向深入，最后将"职业需求引领的任务单导学"模式完善为"职味课堂"模式。

本课题着眼于职业需求，通过对"任务单导学模式"的再认识、革新、重构、运用，尝试优化课堂教学，对准岗位设课程，对准实践促教学，对准就业育人才，以培养学生综合职业能力为目标，构建形成具有海门中专特色的"职味课堂"教学模式，提升学校的教学质量，增强学校的竞争力。

二、研究价值

（一）课题的研究价值

从理论价值而言，传统的教学活动往往根据预定的教材确定，为教材服务，其从属性地位已经严重阻碍了中职生职业能力的培养。本课题研究旨在探索契合职业需求、符合各专业特点的任务单导学模式。教学观从以教师、教材、课堂为中心转变为以学生为中心；学习观从知识的被动接受转变为学生主动的知识建构；教师的角色观从知识的传授者转变为学生学习的引导者。

从实践价值而言，中等职业学校是我国教育体系中面向社会，培养大批适应市场需求的懂技术、素质较高的技能型人才和劳动者，具有鲜明的"企业＋学校"双元特性的现代职业人的培养基地。所以与以往的研究不同的是，本课题坚持"以就业为导向、以能力为本位、以职业实践为主线"的职教新理念，强调与职业需求结合的任务单导学模式的研究，构建有中职特色的"职味课堂"。因此，在中职课堂上推广和实施"职味课堂"模式有重大的研究价值。

（二）课题的创新之处

1. 接轨职业需求，转变学习方式

课程改革的一个显著特征是学习方式的转变，提倡的是"自主、合作、探究"为基本特征的新型学习方式。这对传统课堂教学模式提出了新的挑战。

本课题对职业学校在职业需求引领下的任务单导学模式进行了深入探索和研究，试图设计出操作性强、行之有效的"职味课堂"模式，与职业需求相接轨，并形成专业特色，将任务单导学渗透到职业情境活动中，体现以职业岗位能力为本位的教学理念，解决教学理论与实践脱节的问题。

2. 仿真岗位情境，创新课堂生态

"职味课堂"模式，就是教师根据教学目标，把教材的内容和要求以及相关教学资源和职业需求紧密结合，转化为具有可操作性、目标性、开放性和生成性的任务单，学生在仿真的职业情境中，在任务引领下自主学习、合作探究、体验感悟教学内容，展示交流学习成果，老师通过讲授、点拨、评价等来引导、提升学生的学习能力和职业素养。

3. 强化任务驱动，激励师生发展

"职味课堂"模式将教育目标蕴藏在完成职业情境中，在完成任务的过程之中，引导学生通过调查、实验、探究、交流、讨论、反思等多元活动，进行"自主学习"和"合作学习"，让学生亲身经历和充分享受学习的过程，获得完成任务的成就感和自我价值实现的幸福感。"职味课堂"模式继承、吸收了任务单导学模式的精髓，彻底打破知识本位、教师主体的教育思想和教学方式，在岗位情境下，充分发挥了学生学习的主体作用和教师的导学作用，鼓励学生通过自主活动和主动学习获得身心的和谐发展，真正获得职业能力的提高。

本课题的研究立足于"职味课堂"模式深层次的实践研究和理性概括，强调中职课堂上任务单导学模式"职"的特点，体现揭示中等职业教育教学中的规律性认识，寻求既适合职业教育特点又符合教育规律的理论指导和实践借鉴，突破了以往研究中不够系统的局限，构建职业特色鲜明的课堂教学模式，使研究目标明晰，重点突出，更具宏观性和整合性，使预期的研究成果更具普遍性和指导性。从这个意义上说，本课题体现了开拓职业教育教学模式新领域的创新精神。

三、课题研究的概念界定及理论基础

（一）课题概念界定

本课题的核心概念是职业需求引领下的任务单导学模式研究。

1. 职业需求

职业需求是一个人对某种职业的渴求和欲望。这种渴求和欲望，成为一

个人职业行为积极性的源泉。自从出现了社会分工，就出现了职业需求。随着社会的发展，职业不断分化和产生，不断赋予职业需求新的内容。职业是多种多样的，人对职业的需求以及职业对人的需求也不尽相同。

课题组认为，职业教育教学要突出"职业化"特色，重视职业对于人的需求，增强为专业服务的意识，教师在授课时要强调学生的专业属性，突出专业特色，课堂教学真正与职业需求接轨。

2. 任务单

任务单一般是由教师设计的，引导学生自主学习、完成学习任务、实现学习目标的支架，体现"学生的自主学习"与"任务驱动"教学，是学生学习的导航图、指路牌、记录单。任务单的设计应体现四个原则，即以学生为主体原则、情境真实性原则、阶梯形任务链原则、做中学原则。

课题组认为，中职课堂的"任务单"应与职业需求相结合，凸显职业教育特色，引导学生进行自主学习，记录完成任务的过程与结果，分析得出结论并自我反馈，尤其强调职业情境教学中"任务引领"的作用。

3. 导学

"导学"就是"任务单"引导学生通过学习完成某项任务的过程。其中，"导"包含两层意思。一是设计的任务单本身就体现了教师的主导作用；二是学生完成任务的过程中，教师对学生活动的指导。"学"包含一切在课堂实践中，自觉地、积极主动地掌握社会、科学知识，并形成个体经验的过程。

课题组认为，"职味课堂"上的导学要以学生为本，以教学目标的达成为出发点和落脚点，须配合教师科学的评价，引导中职生学会学习、学会创新、学会合作，在职业需求引领下自主发展。

4. "任务单导学"模式

"任务单导学"模式是建立在以学生为主体理念之上的一种教学设计，是一项教学系统工程。其中包括了从职业需求出发的具有专业特色的学习任务单，完成任务的过程中形成的合作学习小组，符合学生认知的工作模型，基于管理的完成任务的效果反馈与评价。初步建模为"任务呈现—任务分析—任务执行—问题反馈—问题解决—汇报展示—任务评估"7个环节，在此过程中，任务单（包括任务说明书、任务执行报告、任务评估书）是引导学生在职业情境中完成任务、记录任务执行情况、对任务实施过程与结果进行评估并自我反馈的"菜单"化设计。

职业需求引领下的"任务单导学"模式（后修正为职味课堂模式）是体

现职业需求、突出专业特色，秉承"以就业为导向、以能力为本位、以职业实践为主线"的职教理念，以"职味任务单"为媒介，引导学生自主、合作学习，记录学习过程与结果，分析得出结论并形成评价的教学模式。

该模式在增进学校对产业发展和产业转型升级的了解度、促进课堂教学改革与产业技术进步的同步度、教学内容与职业岗位任职要求的对接度的同时，提升了专业人才培养的针对性，有助于学生进一步认知职业岗位，明确专业学习目标与要求，激发学习动力，提升学习效果。

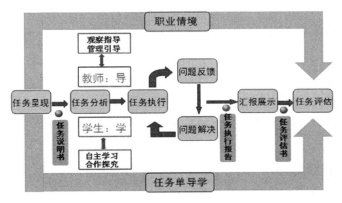

（二）课题研究的理论基础

1. 人本主义教学理论

人本主义心理学代表人物罗杰斯认为，人类具有天生的学习愿望和潜能，这是一种值得信赖的心理倾向，它们可以在合适的条件下被释放出来。当学生了解到学习内容与自身需要相关时，学习的积极性最容易激发；其在具有安全感的环境下可以更好地学习。罗杰斯认为，教师的任务不是教学生知识，也不是教学生如何学习知识，而是要为学生提供学习的手段，至于应当如何学习则应当由学生自己决定。教师的角色应当是学生学习的"促进者"。

2. 建构主义学习理论

建构主义的教学强调以学生为中心，在整个教学过程中由教师起组织者、帮助者和促进者的作用，利用情境、协作、会话、意义建构等充分发挥学生的主动性、积极性和创造性精神，最终达到使学生有效地实现对当前所学知识的意义建构的目的。建构主义学习理论对"任务单导学"模式中任务单的设计起到了非常积极的指导作用。

3. 认知—结构学习理论

布鲁纳主张向儿童提供具有挑战性的任务，让学生主动去发现知识，用自己的方式亲自去获得知识，而不是被动接受知识。布鲁纳的"认知—发现"学说对于解决有关探究问题与任务的设计无疑具有重要的指导价值。首先，教师要尽量以学生感兴趣的方式设计任务；其次，设计任务的探究结论要具有某种程度的不确定性，以激起学生的探究欲望；最后，教师的角色应定位于"学习兴趣的激发者、学习活动的组织者、学习方法的指导者、学习效果的评价者"，引导学生进行科学探究，得出正确结论，最终解决问题。

4. 多元智能理论

加德纳认为每个个体的智能都具有自己的特点和独特的表现形式。由于教学面对的学生都有不同的智能，而且每个人都有潜在的智能，这就决定了"任务单导学"模式中自主学习与合作学习的必要性。多元智能理论告诉我们，不同学生的学习能力、学习风格和学习策略都存在较大差异，自主学习是学生根据自己的智能优势，结合学习目标、学习内容，选择合适的学习方法并通过自我调控的学习活动完成具体学习目标；而合作学习则是在充分承认学生差异的基础上，使学生之间取长补短、相互砥砺，共同完成学习目标，使每个人都获得最大的进步。

5. 教学过程最优化理论

巴班斯基的"教学过程最优化"理论是本课题对"活动单导学"模式改进与发展的理论指南。固定不变和包治百病的教学模式是不存在的，"活动单导学"模式如何发挥其效益最大化？又将向何处去？"教学过程最优化"理论包含的教学目的、教学动力、教学规律和原则、教学内容、教学方法、学习认识活动的方法等内容，几乎契合"任务单导学"模式的每一个环节。"教学过程最优化"理论在全面考虑教学原则、规律、形式、方法、教学系统特征的基础上，将教学目标与师生的具体情况和所处的教学环境、条件等有机结合起来，从而选择和制定最佳任务单，并科学地执行，以达到最佳的教学效果。

四、课题研究的目标与内容

1. 研究目标

（1）通过研究，构建实用的"职味课堂"模式：扭转当前中职课堂教学中任务设计与职业需求脱节的现状，在职味任务单指导下走出误区，变传统的"师者，所以传道受业解惑也"为"职味任务单引领下，学生自主学习获得认知"的过程，总结出一系列符合职校生实际、契合职业需求的文化课和专业课任务单模板。

（2）通过研究，实现高效的优质课堂：努力实践具有中职特色的"职味课堂"模式，使课堂教学在科学、先进的理论指导下得以优化；在教学过程中营造职业氛围，锻炼学生适应社会、职场的能力，真正体现以人为本的理念。

（3）通过研究，提高中职生的职业素养：树立让每个学生健康、和谐发展的课堂教学观，使课堂教学在职业需求的指引下，尽可能为所有学生的职业发展提供机会和条件，改变学生偏重于被动接受的学习方式，激发学生的内驱力，从而激发潜能。

（4）通过研究，促进教师的专业成长：让教师主动成为行动研究者，在教学实践中反思，在反思中促变革，在变革中提升，促进教师专业成长，助力学校内涵发展。

2. 研究内容

（1）对当前中职课堂教学模式的调查和存在问题的反思。

（2）学校各主要专业相关职业需求的调查研究。

（3）"任务单导学"的理论研究。

（4）"职味课堂"模式研究。

（5）"职味课堂"在文化课教学中的应用研究。

（6）"职味课堂"在专业课（各主要专业）教学中的应用研究。

五、课题研究的思路、过程与方法

1. 研究思路

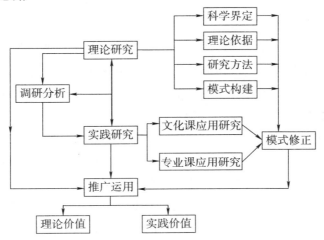

2. 研究方法

本课题研究以"行动研究"为主，兼用综合调查法、文献检索法、个案研究法（包括专题研究、课题沙龙——借鉴学习经典理论，集体备课，教学研讨，课题实验研究，教学反思，课题阶段性研究中的课堂教学观摩、教学设计、案例分析，形成课题论文、教学案例集）等。

（1）文献检索法：综合运用各种路径（文件、会议、报刊、网络、考察等）关注中职教学中任务单导学模式的各类信息；深入研究并最大限度地把握与本课题相关的教学原理和理论，使整个研究的概念体系建立在一个可靠的基础之上。

（2）综合调查法：综合运用各种调查方法和手段（问卷、座谈等），有计划、分阶段地展开职味任务单设计的调查研究，全面了解当前课堂教学存在的问题，征求科学的职味课堂模式。

（3）行动研究法：在课题研究过程中，自己主动把课题与教学实际相结合，通过自己的实际行动，进行自我实践、总结，使课题研究与教学实践相结合。

（4）个案研究法：课题组成员进行分项研究，分层次进行相关对比、分析，不断矫正行动策略，不断发现问题，探讨解决问题的路径和方法，在总结个案经验和教训的基础上形成让中职教学与职业需求接轨的任务单导学模式。

（5）经验总结法：针对成功体验与失败教训，及时提炼、总结，提出中职教学中具有职业特色的任务单导学模式；采集和整理课堂教学实施过程中的资料、经验及各种成果，在此基础上形成研究报告。

3. 研究过程

（1）课题准备阶段。2013 年 9 月—2013 年 12 月，成立课题组，召开开题会，把握教育发展趋势，确定研究内容。制订课题研究方案，讨论具体做法和措施。通过教师教研活动进行学习与研讨。加强教育理论的学习，深入研究职业需求新形势，更新知识结构。

（2）正式实施阶段。2014 年 1 月—2017 年 12 月，成立子课题组，分解总课题研究任务。采用调查法，对各专业学生进行有效性任务单导学模式调查问卷，分析影响教学效果的各种任务单设计形式，展开实验研究工作。完成阶段研究总结。定期进行课题研究，立足课堂进行实践研究。利用课堂教学平台，在编写教案时，对各专业课程的内容进行整合。通过上网等手段查阅并收集实际资料，撰写部分教学案例。要求课题组成员每月撰写一篇教学反思或教学随笔，每学期写一篇课题教学论文。课题组成员每月进行一次课题理论学习与研究，努力探索任务单导学与职业需求相接轨的模式，鼓励教师在理论指导下大胆创新，提出案例。及时调整改进后期研究思路，进行验证性研究。

（3）全面总结阶段。2018 年 4 月—2018 年 12 月，对本课题研究进行有效性的分析和反思性评价，召开成果总结会议，撰写研究工作报告和结题报告，汇编研究论文集和优秀教案专集等。在子课题主持人指导下，由各子课题成员撰写子课题结题报告。最后由总课题主持人完成总课题的结题报告。

六、课题成果

（一）剖析"需求"，明确了改革方向

职业教育需求侧主要体现在劳动力市场对人才需求结构提出了新的要求。在工业 4.0 背景下，《中国制造 2025》提出了全面推进实施制造强国的战略，标志着我国产业结构、职业岗位和技术技能方面的转型升级。职业教育作为人才的培养端和供给端，要从传统的应用型人才培养转向高素质复合型人才培养，以综合素质高、技术技能全面发展的复合型创新型专业人才为培养目标，以深化专业建设、课程体系建设和教师队伍建设等的改革为主要途径，着力构建全方位、一体化的现代职业技术人才培养体系。

1. 通过组织专业调研，明确教学模式改革方向

专业教育必须以岗位需求为标准。课题组准确查找学校各主干专业教学中存在的问题，开展调查和讨论，明确课堂教学模式改革的方向和教学侧重点。

（1）从实习生反馈调查入手，查找教学薄弱环节。从学校理论教学与岗位实际所需知识存在的差异及学校专业技能教学与岗位实际工作要求存在的差距等方面着手，向实习生发放调查问卷，了解实习生在实习中的感受，从而获得一些具体意见，形成调查报告，对专业课程设置、课程教学内容、实训室建设提出了相关建议。

（2）从岗位需求调查入手，把握课改方向。在实习生调查的基础上，安排教师到企业进行专业实践和调查研究，通过座谈、走访、现场考察、亲身实践等途径对岗位需求做了进一步核查，获取了第一手资料，进一步明晰了专业岗位在知识、技能、职业能力等方面的基本要求，了解了学校专业教学

与职业岗位要求的差距，明确了课堂教学模式改革的方向和教学内容的侧重点。

（3）通过深入开展研讨活动，统一认识，夯实基础。在调研的基础上，学校组织了"以岗位需求为导向、提升课堂教学质量"的教学研讨活动，以各学科组、专业组为单位，组织全体教师围绕主题开展讨论。从生源素质、专业课程设置、课堂教学、实习实训、学业考核评价、师资队伍建设、教学配套设施等方面对存在的问题进行了深入剖析，并提出改进措施。

2. 适应岗位需求，深化课堂教学改革

职业教育既要面对生源市场的竞争，又要面对就业市场的竞争。课题组根据职业岗位需求，结合学生实际，在全校开展了"适应岗位需求、提升课堂教学质量"实践活动，取得了良好效果。

（1）以岗位需求为导向，改善课堂教学。一是根据课程标准，结合岗位调研和学生实际，对学校现有各专业实施的教学计划进行全面调整，进一步优化课程设置，构建与岗位需求相对接的课程体系。二是以"够用、实用"为原则，精选教学内容，强化课堂教学，突出岗位能力培养，提高教学针对性。三是根据生源分化、需求多样化的实际，积极推进课堂教学改革。根据课程特点，在教学中灵活运用激励方法，开展"案例教学法、情景教学法、项目教学法"等，调动学生学习的积极性，努力提高课堂教学质量，以确保重点教学内容的落实。

（2）以岗位能力为核心，加强技能培训。一是不断完善各专业实验实训室的配置，从编制教学计划入手，强化实践教学环节，适当增加"实操"学时，确保实验实训课按计划开展。二是积极开展专业技能展示、比赛活动，通过竞赛展示活动，激发学生学习热情，强化其专业意识，提高其实操能力，使实践教学成果在展示和比赛活动中得到检验。

（3）以促进学业进步为前提，调整考核评价方法。一是通过分段考核、当堂检测、作业评价等方式，分散学业考核评价点，形成多元化的过程评价体系，提高综合评价信度，促进学生自主学习。二是坚持实习生资格审查制度，对各专业的关键技术做到"人人过关"。三是加强题库建设，根据课程特点和专业需求，严把命题质量关，推行"教考分离"。

（二）基于"生本"，推动了供给改革

通过本课题的研究，在全校各专业推动了教学供给侧改革，创建适合学生的教育，丰富教育教学的产品结构，完善供给侧服务，提升学校办学经济效益与社会效益，提升学校影响力，适应了经济社会转型发展需要。

本校办学规模大，有30多个专业，有对口单招、大专、中专等不同类型的办学形式。不同供需主体，供给与需求的产品和服务不同，教学供给侧改革的目标与任务也不尽相同。

1. 从"校—社"层面推进教学供给侧改革

课题组明确了学校推行教学供给侧改革的目标是"与地方支柱产业对接设置专业，为社会提供与产业结构及经济社会发展匹配的高素质技术技能型人才"，明确了供给侧改革的任务。一是适应经济社会转型发展需要，"建立产业结构调整驱动专业设置与改革、产业技术进步驱动教学改革的机制"，确保产业发展所需人才的培养质量。通过行业企业调研，对接地方支柱产业，主动调整专业设置，为区域经济社会发展提供相适应的技术技能人才；紧贴产业技术进步，改革课程教学内容与方式，确保人才培养质量的先进性。二是严格履行招生计划，加强专业引导，确保与区域支柱产业对接的重点特色专业的办学规模，满足产业发展对人才规模需求。

2. 从"校—生"层面推进教学供给侧改革

课题组明确了从学校与学生关系角度推动供给侧改革的目标为"服务学生全面发展，多样成才"，并推动了变革。一是在专业设置上与区域产业布局、产业结构调整相适应，紧跟产业调整步伐调整专业设置，满足了学生职业选择和职业学习的需要。二是校企联合共同开发课程，选择专业对应行业中最有代表性、最有影响力的大企业进行校企合作，这些企业代表了行业最新发展趋势，有本行业最先进的技术与装备，充分保证了教学内容的针对性、实践性与开放性。三是系统设计好学生在校教育活动，通过学生社团活动、阳光体育活动、创新创业教育实践活动等培养了学生良好人际沟通与协作能力、创新精神和坚韧意志等，提升学生职业素养。四是在学生中实施分类分层教育，满足了学生个性化发展需要。

3. 从"师—生"层面推进教学供给侧改革

课题组明确了从教师角度推动供给侧改革的目标为"打造有效课堂，实施有效教育"。学校所有的专业、课程教学改革，归根到底都是要落实到教师、落实到课堂。另外，课题组进行了如下工作。一是研究学情。教师通过了解不同起点、不同层次、不同类型学生的学习需求，并进行针对性教学设计，更好地服务学生全面发展，多样成才。二是改革教学内容。教师紧跟产业技术，及时更新专业教学内容。三是改变教学方式。教师适应职业教育信息化发展趋势，综合运用现代信息技术、信息化教学资源与信息化教学环境，实施线上线下混合式教学、体验式教学等，引导学生利用网络进行随时、随地的自主学习。四是改革教学方法与手段。教师针对教学内容，科学运用案例式、启发式、探究式、任务驱动式、小组协作式等教学方法和信息化教学手段，激发学生课堂参与度，努力提高课堂教学效果。五是提升教学艺术与人格魅力。做学生喜爱的教师，以取得最佳的教育教学效果。

4. 实施了与课堂教学模式改革一致的教学供给侧改革

（1）转变观念，激发改革原动力。课题组认为，对学校而言，学生不是学校生产的"产品"，而是掏钱购买教育服务的"消费者"。学校为学生提供的产品是"专业、课程和教育活动"，学生是受教育者，但也是"消费者"。在"互联网＋"背景下，学校作为供给方要按消费市场需求，通过对专业、课程的系统化改革与优化和教育活动的系统化设计与实施，为学生"消费者"提供个性化的消费服务，提升了学生的满意度。同时，学校通过针对区域经济社会发展需要调整了专业，为适应经济结构调整和产业技术进步调整了人才培养目标、改革课程设置；教师针对岗位需求变化调整了教学内容，针对学生个性化学习习惯改革了教学手段与方式，提高了人才培养质量和产业发展需求的匹配度，从而提升了用人单位的满意度。

（2）调整专业设置，夯实供给基础。课题组认为，专业是职业学校办学的基础，也是职业学校针对社会职业岗位培养高素质技术技能型人才的载体。因此，学校主动适应经济结构调整和产业转型升级需要，结合区域经济社会发展实际，科学谋划专业布局，建立完善的专业设置与动态调整工作机制，建立和本地区经济社会发展要求和市场需求相适应的"数量适中、规模适度、布局合理"的专业结构体系。遵循前瞻性发展、优先发展、保护性发展、保留性发展、创新性发展等策略，满足区域经济社会发展对高技术技能型人才需求，为学生今后的职业选择提供相应的专业选择。

（3）改革人才培养模式，释放供给活力。一是深入推进产教融合、校企合作，提升了专业人才培养的针对性。工学结合、知行合一有助于促进学生对职业岗位的认知，明确专业学习目标与要求，提升学习效果。二是深入推进现代学徒制人才培养模式改革。将技术技能人才培养与学历教育真正融合，在服务学生职业发展、促进就业、提高学校的专业吸引力的同时，保证了产业发展对技术技能人才的需求。三是实施创新驱动策略，拓展供给空间。学校从体系结构、服务发展的能力、可持续发展的机制、发展质量持续提升等方面拓展职业教育供给空间，创新创业教育形成了特色。四是创建适合学生的教育，提升供给质量。为了让不同基础的学生找到最近职业发展区，针对学校办学形式的多样性（对口单招、大专、中职），为不同基础的学生设计不同的人才培养方案与教学路径，通过实施分类分层的教育，达到行业岗位任职标准，更好地服务了学生的"个性发展、多样成才"。

（三）模式成型，创新了课堂生态

通过研究，构建了实用的"职味课堂"模式，即扭转当前中职课堂教学中任务设计与职业需求脱节的现状，使教师的教学在"职味课堂"指导下走出误区，踏上坦途，变传统的"师者，传道授业解惑也"为"职味任务单引领下，学生自主学习获得认知"的过程，总结出一系列符合中职生实际、契合职业需求的文化课和专业课任务单模板。

为了打造"职味课堂"，在教学过程中就应该重视三个方面。一是重视创设职业情境。创设真实、生动的职业情境是中职课堂教学模式改革的必然要求，职业情境的创设强调了学生要在情境中接受知识和技能，在情境中探索学习。只有将学习融入职业，将知识灌输变成职场训练，才能真正地吸引学生。二是优化学法指导，重视学习方法的传授，教会学生用职业人的角度去思考问题、解决问题。三是转变学习方式。改变学生单方面接受的学习方式，利用"职味任务单"引导学生进行自主学习、团队合作，发挥学生的积极性和创新能力，在职业情境下促进学生学习行为的实质性转变，促使学生由被动的接受者变为主动的参与者。

职业学校的课堂有别于普通中学的课堂，教师根据教学目标，在基于学生基础性学力和发展性学力统一的前提下，把教材内容、教学资源和职业需求进行紧密结合，设计出具有专业特色的操作性强的任务单。学生在仿真的职业情境中，在任务引领下自主学习和合作探究，在真实情境中体验感悟知识与技能，在职场情境中展示交流成果。由于教学目标和岗位需求一致，学生对于所学知识能真正做到学以致用，激发了学生的学习积极性。教师基于现实的课堂生态，着眼真实的学生生活，活化了教学组织形式，针对不同的专业特点，通过讲授、点拨、评价等方式，激发学生兴趣，启发学生积极思维，规范课堂行为，循序渐进地引导学生学习能力的提升和职业素养的养成。通过职味任务单导学，将教育目的蕴藏在完成职业情境中的任务执行过程中，学生亲身经历和充分享受学习的过程，获得完成任务的成就感和自我价值实现的幸福感。

（四）以学定教，让学习真正发生

"职味"课堂是学生学习发生的地方，是学生真学习、真表达的舞台。在这里，教师从学生的认知角度去实施教学，以学生"学"的路径来确定教学策略，关注学生参与课堂活动的广度和深度，为学习真正发生创造条件。

课题组从研究知识教学到发展学生能力，再到关注学生生命成长，呼唤全体教师为成就学生的精彩生命奠基，不断突破与聚焦教育教学变革的核心，让学习真正发生。

1. 主体意识

通过创设真实的职业情境，营造学习氛围。学生处在生动的职业情境中，更容易被激发出浓厚的兴趣、高涨的热情和活跃的思维；通过关注动态的学习过程，以任务引领学习行为。教师在设计任务单时结合职业需求，研判学情，确立适切的教学目标，设计恰当的教学内容；在课堂上从学生的实际出发，及时把动态生成性问题转化为可利用的学习资源，整合教学内容、调整教学行为。

2. 知识建构

通过问题归因，捕捉学生学习的真实起点。设计任务时可先理清一些共性问题：根据职业需求学生应具有的基本知识和能力是什么？有多少人具备或部分具备了所需的相关知识、能力、思维水平？程度如何？然后针对将要学习的知识技能设置问题，对学生的预习情况归类分析。最后推断出学生能力、思维、技能的起点。

3. 学习动机

以学习目标激发学习期待。在职味课堂上，教师针对不同专业、不同学习基础的学生设置适合的目标，每个学生都能学有所得，获得成功的体验。同时以满足需求增强学习动机。职味课堂让学生实现了"要我学"到"我要学"的积极转变，由被动变为主动，真正获得职场的体验，产生追求成功需要的动机。

4. 主动发展

通过立足专业基础，举一反三，建构知识和技能体系，有利于中职生的主动发展。职味课堂的知识建构在学生主体的过程性经历之上，通过职场体验、分层建构、多元组合，注重引导任务引领下的过程性学习，通过举一反三，逐步建构知识和技能体系。

5. 反馈评价

通过优化过程评价，突出学习过程管理。职味任务单导学的整个过程是学生对学习内容、已有知识技能、适切的学习方法等进行认识与判断的过程，评价贯穿于学习活动的全过程，评价自己的进步过程、努力程度、岗位适应能力及预期发展水平。在职味课堂上，学生自己选择学习方向、参与发现自己的学习资源、阐述自己的问题、决定自己的行动路线、自己承担选择的后果时，独立性、创造性和自主性在最大程度上得到促进。

（五）研赛结合，助力了教师成长

通过课题研究，促进了教师的专业成长：让教师主动成为行动研究者，在教学实践中反思，在反思中促变革，在变革中提升，促进教师专业成长，助力学校内涵发展。

1. 研赛结合，教师培养有抓手

以课题研究为抓手，以研赛结合为形式，学校搭建平台、完善机制、外压内促，在师资队伍建设机制、考核评价机制等方面进行了积极探索，走出了一条行之有效的教师专业发展之路。学校出台了《教科研管理制度》《科研成果奖励办法》《教学大赛奖惩办法》《教师专业成长三年发展规划实施办法》《青年教师专业成长考核方案》《学校 135 名师培育实施方案》《名师工作室考核办法》等一系列制度、方案，培养出一支具有师德高尚、业务精湛、适应需求、面向未来的"专业型""学者型""专家型"的教师队伍，切实提高了教师整体水平，促进了师资队伍整体优化。

研究周期内，学校教师在省市级"两课评比""信息化教学大赛""课堂教学大赛"等教学比赛中获得了优异的成绩，其中，"两课评比"获省一等奖 24 个，居全省之首，教学大赛连续多年获南通市比赛金牌总数和奖牌总数第一，信息化大赛获全国二等奖。其中 55% 的获奖作品以"任务单导学"或"职味课堂"为教学模式；课题主持人杨一丹以"职味课堂"教学模式参加省市级教学比赛，近 5 年获南通市一等奖 8 次，江苏省一等奖 3 次，二等奖 2 次，三等奖 2 次，全国二等奖 1 次；课题组成员宋健、茅一娟、王小辉、钟蔚、黄蓉蓉"职味课堂"参赛作品均获省市一、二等奖。鼓励教师通过躬身写作，在总结中提升思考力，实现教科研产出，引领课堂变革，把理念和行动融入教学过程，近 5 年学校教师每年都有 200 篇左右的教科研论文在省级以上杂志发表或获奖，其中有 27% 的发表论文以"岗位需求""教学模式""课堂教学"为研究主题。

2. 名师引领，工作室育人有方法

在研究周期内，以课题为载体，课题组成立了"杨一丹职味名师工作室"，课题主持人担任名师工作室领衔人，以名师工作室为抓手，以"学习—实践—反思—研究—再实践"为活动路径，在"问道名师，聚焦核心素养，打造职味课堂"的研究背景下，扎实开展教育教学，全面提升教育教学质量，形成了创新品牌，让名师团队这一志同道合的共同体在教学改革中发挥重要的作用。

"职味名师工作室"立足于学校发展的需要，提出"让成长看得见"的培养理念，创新培养办法，搭建发展平台，在教育教学、科研工作、专业建设、课程建设、青蓝指导等方面，通过"外压内促"为教师的专业发展"加油""提速"，激发优秀教师专业发展的动能，培养出一批推动学校可持续发展的中坚力量。2018 年 4 月，职味工作室获评南通市名师工作室，6 月通过省级评审，免答辩直接晋升为"江苏省职业教育名师工作室"，9 月职味工作室被市委市政府授予"海门市卓越教师群体"的荣誉称号。

3. 双师建设，"一专多能"有水平

"职味课堂"对双师型教师队伍建设提出了新要求。职业教育的课堂应具有鲜明的职业性，职业性的显性特征就是职业情境与学习情境的有机融合。要实现职业教育的"课堂即车间，学校即工厂""职场、学场合一"，前提是教师要了解职业需求，熟悉任教专业、学科的岗位技能。因此，双师队伍建设是职业学校师资队伍的重中之重，也是突出实践环节、提高教学质量的关键因素。

一是培训考证。学校通过选派教师参加各级各类培训，保质保量完成培训学习计划，培训结束后撰写心得体会，向全校教师推广学习，放大培训质效。参训教师转变了思想，更新了理念，学到了先进的教学方法，提高了专业技能水平。

二是企业实践。学校派教师到企业进行专业实践锻炼，了解企业的真实需求，吸收新的职教理念，提高实操能力和技术应用能力，了解企业的运作、管理模式。安排专业教师带学生到企业去生产实习，发现学校教学中的不足，并及时对学生进行"补漏"，实现教师与企业、专业与职业、理论与实践的"零距离"对接。

三是社会聘请。学校坚持"立足培养、积极引进""内训为主、外聘为辅"。根据实践教学工作的需要，聘请一些具有丰富实践经验和教学能力的行业专家、高级技师、能工巧匠等任兼职教师，或者邀请他们来校举行专题讲座。

四是大赛锻炼。学校制定政策给参加或辅导技能竞赛获奖的教师以奖励，鼓励专业教师参与或辅导学生参加技能竞赛，促使教师大胆探索、苦练内功，从而提升技能水平。

五是一专多能。学校倡导文化基础课教师"一专多能"，逐步向"双师型"教师过渡。一批文化课教师随着学校的专业设置、课程安排的变化，不断地学习和挑战新的专业，成了"能文能武""又文又专"的"双师型"教师。

（六）岗位引领，促进了学生发展

通过研究，提高了中职生的职业素养：树立让每个学生健康、和谐发展的课堂教学观，使课堂教学在职业需求的指引下，尽可能为所有学生的职业发展提供机会和条件，改变学生偏重于被动接受的学习方式，激发学生的内驱力，从而激发潜能。

1. 立足课堂教学，培养专业技能

"以学生为主体"的课堂教学改革已见成效。"职味课堂""教学做合一"已成教学常态。从职业需求和学生的兴趣入手，根据课程内容分层、分阶段进行学习，从灌输到自主学习，实施"学习习惯养成90天行动计划"，从"要我学"变为"我要学"，使学生在"成功"中找到自信，从而热爱专业，培养专业技能。

2. 做精匠心教育，培养工匠精神

在"职味课堂"上，教师以"有道、有责、有为"三路径的匠心教育，培育学生精益求精的工匠精神，锻造一颗匠人之心，引领学生职业发展，重点做好职业生涯规划，担当责任教育、强技精艺教育。

3. 校企联动育人，培养关键能力

在培养学生基础知识和基本技能的过程中，强化培养学生支撑终身发展、适应职业需求的关键能力。通过校企深度融合，致力于培养高素质技能型人才。学生在提升专业技能的同时，养成独立思考的良好习惯、与他人合作的工作态度和方法、敢于想象和创新的探索精神、精益求精的办事作风。

4. 瞄准教学质量，提升核心素养

在研究周期内，学生在省市级技能大赛、创新创业大赛、文明风采大赛等各类省赛中都取得了优异的成绩，在学业水平测试、对口高考、专转本等方面用一串串跳动的数字和一个个生动的事实，呈现学生发展"速度成效双提升，质量档次双凸显"的新质态。学校招生火爆，职业学校也变得"一票难求"，学生就业率达100%。根据职业道德等9项指标的调研数据显示，毕业生就业满意度为95%，用人单位对毕业生的综合评价"优秀"占21%左右，"良好"以上占98%。

（七）聚焦课题，形成了一批成果

1. 完成了一系列研究报告

（1）《职业需求引领下的"任务单导学"模式研究》研究总报告。

（2）《对当前中职课堂教学模式的调查和存在问题的反思》。

（3）《海门中专各主要专业职业需求的调查研究》。

（4）《任务单导学模式的理论研究》。

（5）《职味任务单导学模式研究》。

（6）《职味任务单导学模式在文化课课堂的应用研究》。

（7）《职味任务单导学模式在专业课课堂的应用研究》。

2. 获得了丰厚的科研成果

在研究周期，课题组在省级以上刊物发表或获奖论文有68篇，其中和本课题高度相关18篇；举行海门市级以上公开课、展示课或讲座49人次，其中和课题高度相关讲座、展示课17次；优课评比省市获奖65人次，其中和课题高度相关作品26个。

七、研究反思与展望

虽然通过本课题的研究，我们取得了一定的理论和实践成果，但我们清醒地认识到，"职味课堂"研究之路还相当漫长，"职味课堂"模式还没有系统化、系列化，成果还不十分丰富，理念基础还不够厚实，实践探索还不够充分。

一是如何将职味任务单设计的主体还原于学生。"职味课堂"模式的指导思想是以生为本，把课堂还给学生，强调学生是课堂活动的主体。但在实际教学中，课堂的主体虽然给了学生，而教师仍然掌握着职味任务单设计和导学两个环节，后者应该无可厚非，本是教师主导性作用的最好体现，但活动任务单的设计大权到底归谁，值得反思。"让学生自主、全面发展"是"职味课堂"的基本策略和价值追求。因此，设计主体应真正还原于学生，应当基于学生自己的发展需要。

二是如何基于生本问题创设职业情境。在日常生活中的活动，可能是一种自然的习惯或者已经成为习惯的活动。这些活动，习以为常，我们很少问为什么。但作为促进人的发展的教学活动不能停留在这个层面上，它需要以问题为核心来设计。学生执行任务的目的是为了解决未来职业活动中遇到的问题，完成任务的过程应该是探讨问题的过程。职味课堂中开展的活动之所以需要完成任务，是因为完成任务是解决问题的一种手段。所以任务设计一定要与职业岗位中的问题解决相联系。任务导学可培养学生的问题意识、探索精神、解决问题的能力以及对专业知识和技能的综合灵活运用能力。

因此，把职味任务单的设计权让给学生，让他们在书本知识和岗位实践中找到有机联结点，回归自我的生活世界和职场应用，以此为突破口，让学生能有更充分的思想自由和自主学习的空间，更加贴近学生实际，让学生的学习活动自由往来于"职场"和"课堂"。这才是"以生为本"思想的最佳诠释和极致价值。

"职味课堂"模式还在不断发展、成熟之中，犹需在实践中不断改进和完善，今后，课题组将进行更深入的研究和探索，进一步规范研究方法，将理论与实践结合起来，更有效地借鉴专家和同行的成功经验，使"职味课堂"在有效教学的职教课改天地里发出更耀眼的光辉，为促进教师的专业发展、学生的茁壮成长和学校的可持续发展注入新的生机与活力。

（本文为笔者主持的江苏省教育科学"十二五"规划课题《职业需求引领下的"任务单导学"模式研究》结题报告）

第二节 实践论证

"职味课堂"模式的现实运用

中等职业教育的培养目标是社会所需的应用型人才，其职业性特点要求所学、所教应紧密联系实际，要实用、有用。从 2014 年起，海门中专成立了职味工作室，进行"职味课堂"的探索。

一、对"任务单导学"模式的借鉴

职业教育面临良好的发展机遇，但社会认可与职教自身发展困难的矛盾

也日益突出。如皋第一中专通过探索和寻求教育理想与教育现实的平衡点，建立起具有职教特色的"任务单导学"教学模式。"职味课堂"模式借鉴了"任务单导学"模式，建模了任务呈现—任务分析—任务执行—问题反馈—问题解决—汇报展示—任务评估 7 个环节，包括了从职业需求出发的、具有专业特色的学习任务单，完成任务的过程中形成的合作学习小组，符合学生认知的工作模型、基于管理的完成任务的效果反馈与评价。"任务呈现"是"任务执行"的起点，包括呈现认知情境和职业情境；"任务执行"是指根据"任务单"设计的活动方案落实教学目标；"任务评估"就是通过点评、总结、练习等方法对学生个体、小组"任务执行"的效果进行检测评价。

二、对 CBI 理念的借鉴

CBI 理念（Content – Based Language Instruction）是西方自 20 世纪 80 年代中期以来兴起的一个外语教学法流派，也是第二语言和外语课程设计的一种新理念。从课程设计的角度，CBI 理念是指在第二语言、外语和专业英语教学中，教师以学术内容领域（Academic Content Areas）为教学目标，决定所使用的教学材料、学习任务、课堂教学策略和评估手段的一种课程设计的理念。该理念认为语言课程设计主要包括需求分析、教学环境分析、教学目标的设定、授课内容的选择和排序、教学材料设计、授课安排以及课程评价等。

三、对"职味课堂"模式的应用

在任务单导学模式、CBI 理念的基础上，职味工作室启动了对"职味课堂"模式的研究，在中职课堂中积极融入"职业化"元素，聚焦职业需求，优化课堂教学，对准岗位设课程，对准实践促教学，对准就业育人才，以培养学生综合职业能力为目标，构建形成具有海门中专特色的"职味课堂"教学模式。

1. 学习目标把握职业思想的渗透

在"职味课堂"上，学习目标围绕直接就业和继续升学，强化学习内容的"应用性"和"实效性"，焦点任务就是培养学生的实用能力、职业能力和学习力。首先是中职学生一毕业就会面临社会选择和就业的压力。这就要求他们不仅要有过硬的专业技术，更要有一个高素质技术人才的职业素养。因此，中职课堂教学不仅要授业解惑，更需传道。"职味课堂"强调培养爱岗敬业的意识，结合学生的专业传达社会对该专业人才的要求，选择与该专业相关的教学内容，让学生明确专业对自己素质提升的要求，为进入社会做好思想准备和技术准备；同时让学生感受团队合作的重要性，有意识地培养自己的团队合作能力等。

2. 学习内容把握专业因子的挖掘

"职味课堂"要着眼于应用型人才的培养，以"实用、够用"为原则，使教学重、难点辐射到不同的专业、岗位，根据专业特性与学习要求，多角度去挖掘隐藏于教材中的职业因素和专业因子，找准与专业知识相关、与专业能力结合的突破口拓宽学习内容的内涵与外延。以英语学科为例，如"What's in Fashion"可以和服装专业的设计理念、时尚意识等融合教学，"At the Market"可以与营销专业的销售模式、销售技巧等融合教学，让学生感受到学有所用。另外，对于和学生的具体生活、企业现状、行业新技术等存有距离的学习内容，如"Danger and Safety""Create an Image"等教学内容，教师可联系身边的实例引导学生探究，可及时补充先进技术与资料，力求使学习内容与行业同步，突出基础性、实用性、适用性及广泛性。

3. 学习方式注重职业化元素的融合

加强适合中职学生学习特点的实践性教学，能有效地促进专业理论教学与专业技能实训的有机融合。因此，中职课堂要大胆尝试"职味课堂"教学，创新"理实一体"的学习方式，以工作任务为载体，以任务实施为过程进行职业情境教学。学生在任务实践活动中利用丰富的学习资源，借助教师、同伴的帮助，充分调动各种感觉器官接受多种信息刺激，并通过自身的探究和发现、操作，更好地记忆、接受、理解所学内容，从而使其解决实际问题的综合素质得到动态的锻炼和提高。

以汽车运用与维修专业"焊条电弧焊之平板对接立焊"为例，说明"职味课堂"模式的实践应用过程。

过程一：任务呈现——教师根据教材和学生的实际，把学习内容巧妙地设定成一个工作任务在课堂中呈现，学生从中了解学习任务，激发学习动机。学校采用"校中厂、厂中校"的形式引企入校，建有汽修实训教学工场，实施专业企业一体化管理。本课将教学工场接到的真实维修任务转化为教学任务。学生在平台获取该节课的工作任务信息，即学会"平板对接立焊"。

过程二：任务分析——包括制订计划和做出决定两个环节。其中"制订计划"是让学生利用教材、自主搜集的资料、教学资源库以及课件的生动演示等，分组制订出各小组初步的计划；"做出决定"环节是先组织交流、比较各组制定的初步方案，然后针对各自的优缺点适当调整，并制订出可以尝试的实施计划。

过程三：任务执行——这是学生在发现和解决问题中"习得"的过程。第一步是通过学习立焊规范操作的流程来夯实基础；第二步是通过学习立焊工艺参数的选择来突破重点；第三步是通过学习焊接电弧及熔滴控制来解决难点。在这个过程中，学生发现问题，反馈问题，解决问题，汇报展示，促使学生在知识和技能两方面获得双提升。

过程四：总结评估——这主要是针对整个任务学习过程的总结。课堂通过个体反思、团队评价、教师点评做归纳性的总结，极大地调动了学生的积极性，较好地完成理论教学和实践教学的相互衔接。

教学的基因是改良，不是推翻，不是颠覆。"职业需求引领下的任务单导学模式"研究后来修正为职味任务单，最后建模为"职味课堂"模式。不仅在英语学科中，在其他学科和专业中也同时被推广。它根据学生的学习实际，考虑到岗位需求，设计成具有鲜明职业情景的教学载体，以满足学生的学习需求，从而真实地反映职业情景的丰富多样性。在这样的教学模式下，教师教学的脉络和路径更为清晰，课堂按照职味任务单的实施步骤按部就班地推进，教学的过程就是工作的流程、产品实现的过程，"所学即所得"；以任务的达成度为抓手，可以充分调动学生的学习积极性，更加突出了学生的"做"，学生的学习成果更为显性，"作品即成效"，满足了学生阶段性的自我价值实现。

通过"职味课堂"模式的尝试，通过"虚拟情境""生活情境""工作情境"等多样化的形式，变知识体系为工作流程体系，英语课堂更富有现场感、实体感，学生在完成一个个现实或"虚拟"的职业情境中不断体会到英语课堂的魅力，契合了以职业岗位能力为本位的教学理念，有效解决了教学理论与实践脱节的问题。

第三章

职味课堂的教学范式

第一节　遵循原则

"供给侧"改革：应对"需求"风云变幻

作为与经济社会发展联系最紧密、贡献最直接的教育类型，职业教育供给侧结构性改革的实质就是走内涵式发展道路，即以提升职业教育供给质量和效率为出发点，通过优化教育要素配置，着力调整职业教育全方位要素的供给层次，提升职业教育供给结构，丰富质量和水平对接市场需求的灵活性，从而适应社会发展和经济转型升级对职业教育结构和质量等方面提出的要求。

一、问题的提出："需求"是什么

职业教育需求侧主要体现在劳动力市场对人才需求结构提出的新的要求。在工业4.0背景下，《中国制造2025》提出了全面推进实施制造强国的战略，预示着智能化时代的到来。随着我国产业调整革新进程的不断加速，行业、企业逐渐从劳动密集型发展模式转向技术、知识密集型，行业和企业对人才的要求也不仅仅局限在熟练技术技能等方面，对职业教育培养的劳动者在职业能力和创新能力等方面的综合素质也提出了更高的要求。

职业教育需求侧意味着职业教育作为培养创新型专业人才的主要部门，更是肩负着提供能够满足当前经济战略所需人才的重任。职业教育作为人才的培养端和供给端，要从传统的应用型人才培养转向高素质复合型人才培养，以综合素质高、技术技能全面发展的复合型创新型专业人才为培养目标，以深化专业建设、课程体系建设和教师队伍建设等的改革为主要途径，大力培

养"一专多能复合型人才"，着力构建全方位、一体化的现代职业技术人才培养体系。

二、问题的分析："供给侧"改革，改什么

职业教育供给侧结构性改革的核心是职业教育的人才培养供给侧和产业需求侧的适应，其中人才培养的落脚点是适应产业需求，而出发点则是其自身实际。职业教育供给与需求的平衡，需要明确"产业发展需要培养什么样的人""如何培养产业需要的人"这两个问题。伴随智能制造、移动互联网、大数据等新技术在产业结构调整中的广泛应用，职业教育明确了新任务，中职学校毕业生应该成为知识型、技能型、创新性技术技能人才，职业教育应在规模、结构、质量上进行调整，进而明确产业发展需要培养什么人。职业教育供给侧结构性改革是基于职业教育发展的实际，从职业教育的规模、结构、质量、政策等方面出发，以改革的方式提升教育要素质量，汇聚优质教育资源，优化人才结构，完善现代职业教育体系的教育综合改革。

三、问题的解决："供给侧"改革，怎么改

1. 调整专业设置，匹配产业结构

职业院校的专业结构往往依据区域产业发展结构进行设计，近年来，产业结构不断转型升级，职业教育的专业设置已经滞后于产业需求，需要及时进行调整，建立与未来产业结构相匹配的专业结构。各级教育主管部门、协会、学会等组织，要切实发挥引导作用，避免职业院校陷入盲人摸象的困境。职业教育培养的人才不仅要满足企业发展、产业发展、职业发展的需求，更要满足应对未来工作的不确定性的需求。职业院校不仅要培养与具体工作相关的专业技能或知识，更要培养对现代生产和社会运转起关键作用的综合职业能力。在人工智能、智能制造技术广泛应用的未来，技术技能训练的作用将日趋下降，而非标准化的创造性活动将越来越重要。因此职业教育深层的改革要更加重视人的心智模式的培养。

2. 组织专业调研，明确课改方向

专业教育必须以岗位需求为标准。准确查找学校各主干专业教学中存在的问题，开展调查和讨论，明确专业课程改革的方向和教学侧重点。一是从实习生反馈调查入手，查找教学薄弱环节，形成调查报告，对专业课

程设置、课程教学内容、实训室建设提出了相关建议。二是从岗位需求调查入手，把握了课程改革方向。安排专业教师到企业进行专业实践和调查研究，明晰了专业岗位在知识、技能、职业能力等方面的基本要求，了解了学校专业教学与职业岗位要求的差距。三是通过深入开展研讨活动，统一认识，夯实基础，提高了教师对职业教育的认识，为深化课程教学改革、改进教学与管理奠定思想基础。

3. 岗位需求导向，深化课程改革

一是根据新的专业教学指导方案，结合岗位调研和学生实际，对学校现有各专业实施的教学计划进行全面调整，进一步优化课程设置，构建与岗位需求相对接的课程体系。二是以"够用、实用"为原则，精选教学内容，强化专业课教学，突出岗位能力培养，提高专业教学针对性。三是根据生源分化、需求多样化的实际，积极推进课堂教学改革。根据课程特点，在教学中灵活运用激励方法，开展"案例教学法、情景教学法、项目教学法"等，调动学生学习的积极性，努力提高课堂教学质量，以确保重点教学内容的落实。

4. 调整教学模式，提升学生素养

一个高标准的人才培养要求，不仅要使学生在社会上能够在所学的专业领域里成为专业人才，还要使其形成自主学习、终身学习和职业发展的能力，这是学生可持续发展能力的需求。因此推进职业教育供给侧改革，要改变传统应试教育模式，实现从知识本位向能力本位的人才培养模式的根本改变，使职业教育不仅要培养学生的知识和技能，还要全面提高学生的素质，培养学生探索自我、发现自我和超越自我的能力，实现可持续发展。

职业教育供给侧改革是我国经济发展进入新常态背景下的改革战略，也是职业教育高质量发展的必然选择。实质上就是进一步深化教育领域综合改革，进一步推进教育体制的改革，从而实现土地、资本、政策、制度、学校、学生等职业教育供给侧组成要素的最优化配置，形成新的人才培养模式，寻求办学新动力、新活力。只有进一步深入推进供给侧改革，才能在更高水平上实现教育经济供求关系新的动态平衡。

第二节　基本特征

让学习真正发生

英国教育家斯宾塞曾提出教育的"自己掌握"原则："学生自己得来的任何一方面知识、自己解决的任何一个问题，由于是他自己获得的，就比通过其他途径得来的更彻底地属他所有。"也就是说，学生自己学到的、悟到的知识更容易被掌握；而"自己掌握"了的学习，才是真正发生了的学习。

因此，"职味课堂"遵循的基本原则，也是最基本的特征，就是：让学习真正发生。课堂是学生学习发生的地方，是学生真学习、真表达的舞台。教师从学生的认知角度去实施教学，以学生"学"的路径来确定教学策略，培养学力。教师关注每一个学生的学习状态，关注学生参与课堂活动的广度和深度，构筑学生之间的相互倾听关系、协同合作关系、互学关系，为每一个学生都成为名副其实的学习者创造条件，为学习真正发生创造条件。以中职学前教育专业绘画课"儿童人物简笔画创作"为例，探讨如何让学习真正发生。

一、精准的目标：让学习有方向

设定精准的目标，让学生的学习有明确的方向，这是教师支持学生学习的前提。在平时备课的过程中，教师对于教学目标是要重点关注的。但在制定教学目标的时候往往都是基于课程标准、基于教材，真正能够站在学生的立场去制定教学目标的很少。其实，每个班级学生的知识起点、思维状况、学习喜好等都不一样。如何站在学生的立场去设定教学目标，让学生的学习有方向呢？

1. 目标设置要关注个体发展

对于一个班级的学生而言，差异是常态。整齐划一的教学目标，有时是理想化的空中楼阁。教师应该对班级学生有充分的了解，依据对学生学习过程的观察、学习结果的反馈等制定不同的教学目标。在制定教学目标时，一方面要注意目标所针对的具体对象，尽量使目标可检测；另一方面也应尽量让学生对目标有明确的认识，让他们在课前、课中都可以对照目标，准确定位学习的方向，树立学习的信心。如对学情的分析，本课授课对象是中职学前教育专业二年级的学生。学生的思维活跃，学习态度积极认真，简笔画为未来岗位的重要技能，学生有着浓厚的学习兴趣和创作愿望。因此确定知识目标为掌握儿童人物简笔画的造型方法和儿童人物群组的构图方法；技能目标为运用学习平台与三维交互软件学会儿童人物主题简笔画的主要创编方法；素养目标为在创作和审美过程中树立爱岗乐业的岗位意识。

2. 目标设置要考虑专业背景

从课程标准教材、教师教学用书等统一的教学材料出发制定教学目标，是教学时必须要做的基本工作，但仅仅这样做是不够的。不同地域、不同专业学生所处的文化环境不同，职业需求不同，相应的生活经验也可能不同。这就需要教师能够根据教学实际，在充分理解并达成教材设定的教学目标基础上，尽可能地兼顾更具专业背景的教学目标，使教学不仅能够达成短期目标，还能够兼顾长远目标。例如，本课选用国家规划教材《绘画》中的简笔画教学内容，之前学生已完成了简笔画基础篇中的动物、植物、器物、人物等的学习。依据课程标准、学前教育专业岗位需求，对教学内容进行拓展整合，结合"我爱简笔画"三维交互学习软件，设计了静态表现、动态表现、群组创编三个教学任务，引导学生循序渐进地掌握儿童人物群组的创编技巧，同时潜移默化地渗透了育人功能，树立学前教育专业的岗位意识。

3. 目标设置要把握现实学习起点

美国教育心理学家奥苏伯尔说过，"假如让我把全部教育心理学仅仅归结为一条原理的话，我将一言以蔽之：影响学习的最重要的因素，就是学习者已经知道了什么。要探明这一点，并应据此进行教学"。这就意味着教师在备课之前必须了解学生已经知道了什么，能做什么。对于学生已经知道什么和能做什么，教师通常是按照教材的知识逻辑去判断，但是面对具体的班级学生，还有必要进一步通过学生的作业、与学生的访谈以及简单的问卷调查等方式，了解学生的现实学习起点。比如，在课前通过调查问卷，了解学生已掌握动物、植物、生活器物等的简笔画符号化、程序化技法，能熟练运用简笔画技法进行表现。但对于简笔画人物的创作缺乏空间想象，对于画面构图的层次感、平衡感、运动感缺乏立体感知。这样，教师就可以相应地及时调整教学目标，准确定位学生认知的最近发展区。如此，才能引导学生有效地进行学习，使学生获得更充分的发展。

二、适切的方式：让学习有方法

在引导学生建构和理解知识之前，教师需要知道学生怎样进行思考，或者说他们可能的思考方式是什么。也就是说，我们需要关注学生是如何学习的，而不仅仅关注学生应该学习什么。学习的过程，不应该是被动接受的过程，它应该是学习者主动思考、建构的过程。学习的方式有很多，什么样的方式最有效？什么样的学习方式最适宜？让学生在学习过程中带着问题去思考，在丰富的数学活动中去感悟，在与现实的对话中深化理解，这些都是对学生学习的有力支持。

1. 带着问题学习

学习，从某种角度上说就是发现并解决问题的过程。在实际教学中，学生往往经历了很多活动，获得了很多信息，却没有明确为什么要进行这些活动，了解这些信息有什么用。其中主要的问题就在于学生缺失较明确的对问题的认识，教师也缺乏一些支持性的环节让学生自己发现并提出问题，并在此基础上推动学生主动地去思考问题。这样，学生只是被动地按照教师的要求去进行活动，没有任何学习被引发。只有当学生个体有了明确的问题意识，他的思维才能真正被激活，才会试图去理解，有意义的学习也才真正开始。如何让学生在问题中学习？一方面教师在组织教学时要注意让学生明确所要解决的问题，另一方面要鼓励学生提出问题。在绘画教学中经常提出类似的问题："你发现结构布局有什么问题？""你觉得人物比例合理吗？"……引导学生积极主动地进行思考，注意到事实背后的疑问，提出自己的困惑。

2. 在体验中学习

塞莱斯坦·弗雷内说过，"事实是，人在打铁中成为铁匠，在写作中学会写作"。由此我们可以看出，学生的亲身体验比任何方式都更有效。在教学中，不仅仅是让学生学会了什么，更重要的是让学生能够在亲身的体验中感受知识的本质、知识的形成过程以及知识的价值。如在简笔画人物创编教学中，通过借鉴 STEAM 教学理念中的跨学科教育理念，创设真实情景，将信息技术、德育渗透、数学思维融入艺术教学，学生通过四次修改，在知识传递、吸收内化、输出展示的过程中，表达能力、交际能力、团队意识、信息化素养、职业能力都能得到明显提升。

3. 在现实中学习

学生学习的目的是能够解决现实生活中的问题。教师在教学中要把学生引导到生活中去，通过具体的实践活动、解决现实生活中的问题等引发学生对现实的兴趣，与现实对话，在现实中发现和提出问题，分析和解决问题。如在简笔画教学中，活动的设计始终围绕学前教育专业的岗位需求，从接受基地幼儿园活动需求为教学任务，到学生完成任务后回归幼儿园进行岗位实践，渗透育人思想、品德教育、创新创造能力的养成，强调学生通过行动实现能力的内化和运用，基于现实提升学生素养始终是教学活动的聚焦点。

让学习真正发生的课堂，不是表面热热闹闹的课堂，而是思维深化的课堂，是彼此倾听、互助协作的开放课堂，是努力构建学习共同体和生态圈的绿色课堂，是创生智慧、深度学习的课堂。只有不断激发学生思维的火花，学习才会沿着思维的链条真正发生。

第三节　学科案例

英语学科"职味课堂"研究

课程改革作为一个系统工程，变革的范围涉及课程目标、课程结构、课程内容和课程管理等多个领域。在基础教育范围内，英语课堂教学模式的探讨与研究，已经有很多研究涉及，但是在职业教育界，突出职业特色、彰显课堂高效的研究尝试并不是很多。因此，中职英语教师需要重新审视原有的教学方式和教学行为，积极探索教育理想与教育现实的平衡点，尝试适合英语教学实际的新型课堂教学模式。

一、调研探究，剖析面临问题

中等职业学校是我国教育体系中面向社会，培养大批适应市场需求的懂技术、素质较高的技能型人才和劳动者，具有鲜明的"企业＋学校"双元特性的现代职业人的培养基地。目前中职英语课堂教学中依旧存在问题。一是教学目标和现实的职业需求相脱节。我们往往过于注重传授英语学科知识，而忽视了"职业人"的培养，英语课堂的教学目标与专业契合度不高。二是教学模式与学生实际脱节。职业学校学生本来就学习基础薄弱，词汇量缺乏，语言应用能力欠缺，让他们循规蹈矩地坐一节课听教师的满堂灌，对师生双方都是很辛苦的事。

课程改革并不是用一种教学模式替换另一种教学模式，也绝不是要将千姿百态的课堂改革成整齐划一的课堂，或者强迫任何人放弃他认为是好的经验，相反，课改鼓励教师们创新，形成自己的风格。就教学模式本身而言，其固有的僵化、封闭"本性"与灵动而开放的教学天然诉求是格格不入的，但教学模式也有易于操作、便于模仿的天性，我们以本校31个专业167个班级为试点，通过对众多教学模式的分析、比较、试用、提炼后，"采众花而成蜜，冶百金于一炉"，推广英语学科的"职味课堂"模式，并取得了较好的教学效果。

二、转变观念，直面岗位需求

传统的教学活动归类于教学方法，教学活动往往根据预定的教材确定，为教材服务，其从属性地位已经严重阻碍了中职生职业能力的培养。如何探索契合职业需求、符合各专业特点的中职英语课堂教学模式？我们把改革的重点聚焦课堂，以职业需求为引领，变革以教师为中心、教材为中心的传统教学模式，强调教师把专业教学和课改的理念转化为教学行为，从而促进学生学习行为的转变，促使学生由被动的指令接受者转为主动的任务执行者，在日积月累的潜移默化中提升学生的职业素养。通过"职味"任务单，将教材"冰冷"的智慧之果还原成职业情境并激发学生"火热"思考，教师根据教学内容、教学目标、专业特点、教师本人风格，以及学情，预设学生的学习活动，引领学生学会"自主、合作、探究"学习方式。

三、贴近专业，创新教学体系

以就业为导向、以能力为本位、以职业实践为主线是职业学校教学改革的指导思想。职业教育的培养目标是社会所需的应用型人才，其职业性特点要求学生所学、教师所教应紧密联系专业实际。教材是死的，但教学是活的。基于中职课堂"生成性""灵动性""职业性"的特点，英语教学存在很大的"弹性"和"不确定性"，因此教学内容不应该是一成不变或者是千篇一律的。目前的英语课堂教学往往存在偏重语法知识、词汇讲解面面俱到、与岗位需求脱离的现象。在我们目前的英语教学中，尽管新教材已经以项目进行教学内容的整合，但是出于惯性的教学思维，我们的教学内容设计依然以"课时"将完整的教材内容人为地进行割裂，将更多的关注点放在语法和词汇教学上，带来的后果是学的东西用不到，而职场需要的东西又没有学。因此，中职英语教师应把握职教的人才培养规律，结合专业特点整合英语教学内容，引导学生从生活实际和岗位应用中发现问题，把知识的习得过程变为岗位任务执行的过程，英语课堂教学才更有针对性和实效性。

四、接轨岗位，转变教学模式

职业需求引领下的中职英语任务单导学模式是高效课堂的一种执行模式，其中包括了从职业需求出发的、具有专业特色的学习任务单，完成任务的过程中形成的合作学习小组，符合学生认知的工作模型，基于管理的完成任务的效果反馈与评价，设置了任务呈现—任务分析—任务执行—问题反馈—问题解决—汇报展示—任务评估7个教学环节，在此过程中，任务单是引导学生在职业情景中完成任务，记录任务执行情况，对任务实施过程与结果进行评估并自我反馈的"菜单"化设计。在教学过程中，以"任务单"为媒介，引导学生自主学习和合作探究，善于发现问题和解决问题，学会分析并得出结论，最后形成多元的教学评价，更加突出职业教育"项目引领、任务驱动"的特色，强调职业学校英语课堂教学"职味"的特点。

五、强化驱动，激励师生发展

职业学校的课堂应当有别于普通中学的课堂，中职生要在课堂上享受到专业成长和个性飞扬的快乐。教师根据教学目标，在基于学生基础性学力和发展性学力统一的前提下，把教材内容、教学资源和职业需求进行紧密结合，设计出具有专业特色的操作性强的任务单。学生在仿真的职业情景中，在任务引领下进行英语语言应用的自主学习和合作探究，在真实情境中体验感悟知识，在职场情境中展示交流成果。由于教学目标和岗位需求一致，学生对于所学知识能真正做到学以致用，激发了学生的学习积极性。老师基于现实的课堂生态，着眼真实的学生生活，活化了教学组织形式，针对不同的专业特点，通过讲授、点拨、评价等方式，激发学生兴趣，启发积极思维，规范课堂行为，循序渐进地引导学生学习能力的提升和职业素养的养成。通过任务单导学，将教育目的蕴藏在完成职业情景中的任务执行过程中，学生亲身经历和充分享受学习的过程，获得完成任务的成就感和自我价值实现的幸福感。

一个教学模式的推广和应用，必须基于现实的土壤坚定不移地走生本发展之路，必须坚持对教学潮流的现实审视以确保学生的可持续发展，更需要我们英语教师基于现实的关照，在日常的教学过程中从价值认同、评价体系、教学方式、学习方式等多方面来进行推动，从而实现"渐变—蜕变—蝶变"的变革，实现真正意义上的课堂高效。

（原文发表于《校园英语》，2017 年第 43 期）

第四节　范式解析

信息技术支持下的课堂重构

陶行知先生说过："我们做教师的人，必然天天学习，天天进行再教育，才能有教育之乐而无教育之苦，自己在民主作风上精进不已，才能以身作则，宏收教化流行之效。"在"互联网＋"时代，信息技术发展瞬息万变，如何秉陶行知先生的教育思想之烛，创新英语课堂教学，引导职业学校学生为未来的职场竞争做好知识、技能、素养储备，是笔者努力探索的方向。以江苏省职业学校信息化教学大赛获奖作品"What's your hobby"的教学设计为例，探讨如何在信息技术支持下对中职英语课堂进行重构。

课堂重构意味着改革和创新。教育现代化的核心是适应现代社会、经济、科技发展需要的教育思想和理念的现代化，它是教学内容和方法的改革和创新。无论是原始创新、跟随创新还是集成创新，都需要在新思想、新理念的引领下，发挥信息技术的优势，创新教学内容的呈现方式、学生的学习方式、教师的教学方式以及师生的互动方式，引导学习的真正发生，才能让学生真正成为学习的主人。

一、教学内容的重构

正如叶圣陶先生说过："教材无非是个例子。"没有一本教材可以全方位地关照不同地区、不同学校、不同班级、不同学习能力的学生。所以基于本班学情，对于教材合理、科学的二次开发和重构，让教材顺手，课堂顺畅，是教师课前要认真准备的一项功课。

在课前，笔者首先深入剖析本班学情，回归教学的原点，紧扣学生准备教学内容。本课是单元教学中的"Unit Task"部分：调查本班同学的兴趣爱好，建立班级的兴趣社团。传统的教法是：教词汇句型，学生进行对话展示，填写兴趣调查表，课后拓展相关兴趣活动。而这样的课堂活动，陶行知先生用"天天卖旧货，索然无味"来描述，教学常态往往是几位"优生"领衔表演，大多数学生被动参与，真正能收获的"干货"并不多。

基于这样的学情，在教学目标的确立时，笔者坚持"有所为有所不为"的原则。笔者认为，教学内容是教学目标的载体，而教学目标是教学设计的灵魂。教学目标的载体可以改变，但对于载体"后面"隐藏着的教学目标，需要捍卫其"主权"。因此，根据教学需求，结合学生专业技能，对教学内容进行重构，将教材任务与班级正在筹备的社团招聘活动进行整合，借鉴电视节目"非你莫属"职场招聘真人秀模式，将虚拟任务进行真实化处理，通过虚实结合、还原职场法则的活动课堂直击学生渴望成长的内心。结合课程标准与岗位需求，确定三维目标为：学生能熟练应用所学句型介绍自己的兴趣；能将兴趣爱好和专业技能结合并勇于展示；能提升自身的职业素养、职场应变能力和团队合作能力。

二、教学策略的重构

教学策略是实施教学过程的教学思想、方法模式、技术手段这三方面动因的最优化框架式集成。通俗地说，就是为了实现教学目标所选择的最合适的教学方法。最优的教学策略需要能够指向教学目标的实现，打开学生的思维之门，唤起学生的生命活力，是有效课堂和高效课堂的催化剂。

在信息技术支持的课堂背景下，信息传递方式和传统课堂相比已然发生巨变，知识载体和学习资源被颠覆。教师需要深入剖析教学的需求侧，了解学生的需求，才能恰当选择符合学情、班情的教学策略，进行教学供给侧改革。因此在教学策略的选择上，我们不能盲目追求教学策略的丰富、教学样式的创新，而应该以"适合"为前提，既要适合教师的教学风格，也要适合学生的学习现实，更要适合教学内容的表达。

通过课前的问卷调查，显示出学前教育专业的学生对于表演展示有着很高的心理需求，所以笔者选择以体验式学习理论和自身认知理论为基础，整合虚拟演播室、学习平台、移动终端，将语言学习融入真实的活动当中，在高仿真性和沉浸性的学习情境中，学生在进行语言交流时能感受到极强的沉浸性和临场感。通过体验语言运用，展示专业技能，提升职场自信，为学生构建云教学"私人定制"的课堂形态。

三、教学过程的重构

在中职英语课堂上，目前使用较多的依旧是任务型教学。每一个单元围绕一个话题，分解成数个任务，学生在完成任务的过程中应用语言，积累知识。那么，杜威在一个多世纪以前倡导的任务型教学，是否已经不再适应时代需求了呢？笔者认为，从教育的本原来说，教学应该是丰富多彩的。课程改革鼓励教师创新，并不是希望大家用一种教学模式替换另一种教学模式，而是持开放包容的态度，鼓励改良、改革，多做"1＋1＞2"的题型。因此，本课的教学过程依旧以任务为引领，在信息技术支持下，结合岗位需求，对教学过程进行重构，以社团招聘为主轴，课前、课中、课后整体联动，真实的活动任务与虚拟的教学任务环环紧扣。

1. 任务引入

笔者设计了"争当品牌官"的活动引入任务。课前学生在教学平台上领取任务，完成霍兰德职业兴趣测试，明晰自己的兴趣爱好和相匹配的职业能力，平台完成学生兴趣的信息采集。任务要与学生的岗位技能相结合，因此课前作业是将兴趣作品上传至平台，形成学前教育专业技能"弹、唱、跳、画、制"5个展示板块，参与"争当品牌官"的网络评选，产生五大社团品牌官。同时使用学习软件进行词汇储备练习，为招聘会做好语言知识的准备。

2. 任务解析

走进课堂，师生首先解析任务，明确规则。招聘的目的是选出表达流畅、才艺出色、临场机敏的社团成员。教学目标则是发展学生的语言运用能力、专业技能、职业素养。两者不谋而合，教学过程和活动流程可以无缝对接。在活动中，教师可以放下课堂主宰者的权杖，以节目主持人的角色，宣布活动规则，明确教学任务和教学流程。五大品牌官分别使用 PPT、微视频等信息手段，结合云平台对学生兴趣的大数据分析，解析各兴趣社团的招聘需求、竞争难度等，明晰要做什么，该怎么做，要做到什么程度。

3. 任务实施

任务实施过程按应聘流程，结合教学任务设计为 6 个环节。①应聘准备。学生使用应聘宝盒学习软件进行句型练习、对话配音，在练习过程中做好句型准备。②填写简历。在移动端完成个人简历和应聘意向的填写，品牌官通过平台及时获取应聘者信息及大数据分析结果。③自我介绍。通过和品牌官的对话反复操练句型巩固前知，听说结合的实战操练让枯燥无味的句型复习趣味横生。④展示才艺。学生制作的 H5 才艺秀、电子相册作品集"竞相争艳"，展示出未来幼师的信息化素养。⑤双向选择。通过还原职场真实法则，形成职场生存的策略思维和价值思维，使职场"菜鸟"加速蜕变。⑥汇总信息。五大社团小组合作，通过网络资源完成社团信息汇总及微信推广。

4. 任务总结

通过现场网络投票选出各社团的形象大使，形象大使现场使用虚拟演播厅录制社团推介视频面向全校播放，在信息传递与重构中，放大本课的教育效应。教师作为主持人总结陈词：把兴趣融合成专业，并且延续成自己的职业，是一件很幸福的事情，引导学生感悟：坚持比选择更重要。

5. 任务拓展

课后的拓展分两个层次，教学任务的拓展是完成平台语言知识的巩固测试，明晰自己的发展基点，即离"非你莫属"的职场定位还有多远。活动任务的拓展是应用"画"的专业技能，团队合作完成面向全校的社团招聘海报，寻找社团小伙伴，将教育功能再次外延。

四、教学思维的重构

陶行知先生说："教育上最重要的事是要给学生一种改造环境的能力。"如何获得改造环境的能力，笔者认为，中职英语课堂教学改革的核心思维就是"让学习真正发生"，实现"教是为了不教"的意义转向。

一是课堂转向无界。在信息技术支持下，教学组织形态的改变抹去了课前、课中、课后的局限，活跃的思维在线上与线下游弋，在真实与虚拟间切换，学生通过改变学习方式主动赢得未来；教师依托教学平台、移动终端学习平台，开展线上线下混合式教学，课前学习理论，课上内化实践，课后拓展应用，努力实现"没有围墙的课堂"愿景。

二是评价走向无痕。英语课与云平台的"联姻"，给课堂教学带来全新的体验，大数据分析、双向选择，没有刻意的评价痕迹，而评价早已融入学生的心中。教师通过平台精确地记载、统计、分析学生的学习行为，同时对学习效果进行检测，在了解学生学习情况的基础上发现存在的问题，有方向地调整教学，实现精准指导和反馈。

五、结束语

陶行知指出："由行动而发生思想，由思想产生新价值，这就是创造的过程。"创新教育的着力点不仅是提升学生的素养，更重要的是通过课堂的重构，以及不拘一格的教学创新，让学生建立有助于自主、泛在、个性化的学习体系，发现自己的才能、兴趣和需求，形成新的思想。只有知道未来需要什么，学习才会真正和人生方向接轨，学习才会真正发生。

（原文发表于《文理导航》，2019 年第 1 期）

附：快乐社团 非你莫属
——"What is your hobby?""职味课堂"教学设计

一、设计摘要

授课内容：Hobby groups，want only you！（选自 Unit 5 What's your hobby 的 Unit Task 部分）

所选教材：中等职业教育课程改革国家规划新教材《英语》基础模块第一册（2014.6）高等教育出版社

授课对象：中职学前教育专业一年级学生

课时安排：2 课时

二、设计背景分析

兴趣是个奇妙的东西，它让我们跟随着内心的价值之声，去热爱，去坚守。如何创新英语课堂教学，引导中职生培养正确的兴趣爱好，并结合所学专业，为未来的职场竞争做好积极的知识、技能、素养储备，成长为"非你莫属"的职业人，是本项目努力探索的方向。

1. 本选题的聚焦点

在数字时代成长起来的当代职校生，很早就生活在充满活力的、可视的、交互式的网络世界中，在网络上过第二人生。为什么英语教学不能根植于网络，构建一个平行于真实课堂的虚拟空间"SECOND LIFE"呢？当优质的教学资源触手可及，学生熟谙网络技术，在资源的获取、信息的传递、技术的支撑、作品的建设上均有前所未有的优势，教师完全可以放开手脚，大胆地对英语课堂的信息化教学进行创新和探索。

2. 本选题的创新点

文化课教学如何与中职生的专业成长深度融合，如何立足专业，提升中职生的专业成长，在英语课堂上展开高效的职业思维碰撞，拥有自我学习和提升的本领，将信息化资源转化为能力积淀，构建立足岗位需求的"职味课堂"，是本项目努力探索的方向。

3. 本项目的着力点：让学习真正发生

寓语言学习于真实的"非你莫属"招聘活动中，赋予学生在职场游戏规则下有选择的自由、有目标的奋斗和有竞争的合作。通过改变教学组织形态抹去课前、课中、课后的局限，学生掌握学习主动权，在高仿真性、沉浸性和临场感的交互情景下，体验语言运用，展示专业技能，提升职场自信，构建云教学"私人定制"的新形态。

三、资源分析

1. 数字化环境

学前教育专业学生对于游戏、活动、表演有着很高的心理需求，针对这样的需求，教师团队自主开发了 SECOND LIFE 英语学习软件，包含听说读写演多个学习板块，将视频、文本、图片、课堂动态生成资源，课外拓展素材等多种资源整合进学习软件，学生可以随时、随地、随需地进行碎片化学习；同时学习软件还具有交互功能，学生可以自主选择学习内容、自主调控学习进度、自主开展学习评价，教师可以第一时间获得反馈信息，能及时调整教学进度和内容。

学习环境：智慧教室（互联网、校园网、移动终端）。

学习资源：SECOND LIFE英语学习软件、H5、虚拟演播室、网络资源等。

2. 教材分析

教学内容选自中等职业教育课程改革国家规划新教材《英语》基础模块第一册 Unit 5。学生在前面的学习已经完成了词汇、句型、语法的学习，Unit Task 聚焦语言综合运用能力的形成和提升。由于教材的教学任务在趣味性、实用性方面和学生需求有差距，因此根据教学需求，结合学生专业技能，结合学习软件，对教材进行二次开发，将"非你莫属"真人秀招聘现场巧妙融入教材，将虚拟任务进行真实化处理，对教材进行破立、融合、重构，构建"非你莫属"的真实教学情景。教学时长为2个课时。

3. 学情分析

心理分析：教学对象为学前教育专业中职一年级学生，作为未来幼师，她们兴趣广泛，多才多艺，喜欢趣味横生、充满挑战的英语课堂，对于游戏、活动、表演有很高的心理需求。但语言综合应用能力和职场应对能力需要加强，一个虚实结合、还原职场法则的"职味课堂"将直击学生渴望成长的内心。

特质分析：根据多元智能理论，鼓励学生发展优势智能，对于学前教育的学生来说，歌唱、舞蹈、手工不仅是调剂业余时间的兴趣爱好，更是应对未来职场的傍身之技。如何理顺兴趣、特长、职业的关系，最好的办法是通过潜移默化的教学活动寻找其结合点，让兴趣软着陆。因此在活动设计时将兴趣与语言运用、专业、职业相结合，形成"弹、唱、跳、画、制"5个小组，透视"反木桶"理论中的"长板"，关注学生渴望拥有一技之长的积极心理。

四、需求分析

已知：学生已经具备了一定英语运用能力和"弹、跳、唱、画、写、制、讲"的专业基本功，在本课之前，已经完成对相关知识的词汇、句型、语法学习，掌握了谈论兴趣爱好的基本词汇和句型。

未知：学生渴望拥有一技之长应对未来职场，渴望拥有展示自我的舞台，渴望获得比课堂更广阔的成长空间。

发展空间：不仅具备语言运用的职业能力、专业技能的职业能力，更具备现代教育与信息教育素养方面的职业能力。

五、教学策略

设计思路："互联网＋教育"虽然改变了课堂的教学模式以及师生在教育活动中的参与方式，但"以生为本"的核心没有变，所有教育的出发点和归宿，都是为了学生综合能力的发展。

整体设计聚焦应用语言、培育兴趣、根植专业、备战职场，以社团招聘真人秀为主轴，以"兴趣"为底色，以"专业"为基点，以"活动"为热点，以"自媒体"为亮点，课前、课中、课后整体联动，由语言学习辐射到活动展示，由学生当下的兴趣爱好延伸到专业技能，更渗透到他们未来的职业生涯，真实的活动任务与虚拟的教学任务环环紧扣，水乳交融。

教法：合理运用 SECOND LIFE 学习软件，大胆取舍，将精华资源巧妙引入课堂。采用任务驱动法、体验式教学法进行情境教学，引导学生闯关职场真人秀，提升学生自主学习、合作探究的能力。

学法：采用自主探究、团队学习、体验式学习等，对学习过程中的疑难问题进行协作探究，充分体现了信息化环境下 Wiki 群体协作的精髓——开放、合作、平等、共创、共享。

学习生态：由于信息技术的合理应用，学生的学习呈现出新的生态。一是从"被动"走向"主动"：信息技术使学生掌握了学习主动权，看什么，何时看，何时停，都可根据自己的情况灵活调配，真正实现"按照自己的节奏和步骤学习"，从"学会"走向了"会学"。二是从"面对面"变为"肩并肩"：学生不必面临教师在"一旁挑错"的情景压力，学习更为自在和自由，教师和学生的关系也从"面对面"的训导变为"肩并肩"的奋斗，真正实现了能力的提升、潜能的挖掘。

六、项目成果预设

课堂多彩。信息化技术不仅是辅助学习的工具、点缀课堂的小花，更是一个海纳百川的数字化学习环境，让教学活动打破时空的局限，不再拘泥于教室这一方小天地；"非你莫属"社团招聘真人秀的构建，让学生由被动的"信息接收器"变为主动的"活动参与者"，由亦步亦趋的"课堂执行者"变为有思想的"职场竞争者"，课堂教学和专业发展已然融为一体，在"职味课堂"，每个人都有出彩的机会。

成长多维。在"非你莫属"的活动课堂上，让学习真正发生。教师在做中教，学生在做中学，他们不再满足于教材知识，自动、自觉、自发地去寻找"源头活水"，学会协作、勇于创新、多维成长。同时，学生对信息化技术的娴熟运用对教师的专业成长也形成正向的推动作用，真正实现教学相长。

评价多元。学生的成长是一个多向丰盈的过程，对学生的评价也从平面走向立体，从单一走向多元，从有痕走向无痕。在信息技术支持下，没有刻意的评价形式，而评价早已融入学生心中，激励学生迈向更远的目标。

七、教学结构

1. 教学目标

知识、能力、情感三维目标：

（1）能熟练应用所学句型介绍自己的兴趣；

（2）能将兴趣爱好和专业技能结合并勇于展示；

（3）能在活动中形成"非我莫属"的职场自信、应变能力和团队合作能力。

2. 教学重点及难点

教学重点：使用所学句型谈论兴趣爱好。

教学难点：使用所学句型在有限的应聘时间里高效呈现兴趣爱好。

3. 教学流程

教学流程如图 3–1 所示。

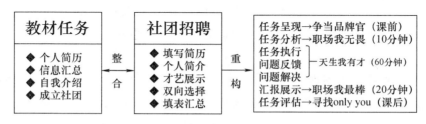

图 3–1　"非你莫属"教学流程

八、教学过程

教学过程如表 3 - 1 所示。

表 3 - 1 "非你莫属"教学过程

教学流程	知识负载	知识探究 师生互动	设计意图 媒体资源	职业岗位 观测点
任务呈现（课前）	争当 Group leader Introduction to the task：to be the leader of hobby group；课前通过学习软件、任务单、语言文本对本单元词汇、句型、语法进行复习巩固，运用所学句型介绍自己的兴趣作品	1. Finish a survey about your hobbies（在学习导航站领取任务，完成霍兰德职业兴趣测试）； 2. Upload works about your hobbies and vote for the leader of hobby group（上传作品至才艺展览馆）； 3. Knowledge accumulation（在快乐词汇屋进行有关兴趣爱好的词汇练习）	【设计意图】 1. 学生明晰自己的兴趣爱好和相匹配的职业能力，确定发展基点和发展空间，同时平台完成对学生兴趣的信息采集； 2. 构建学前教育专业技能"弹、唱、跳、画、制"作品资源库，结合职业激发学生学习英语的兴趣； 3. 利用软件的交互功能，调整学习进度，为社团招聘做好知识储备，提升学生利用信息资源自我学习的能力 【媒体资源】 SECOND LIFE 学习软件	教学资源库的共建共享，未来幼师的专业技能和信息化运用能力

教学流程	知识负载	知识探究 师生互动	设计意图 媒体资源	职业岗位 观测点
任务分析（10分钟）	职场我无畏 Analysis of the task：to be "only you" 解析任务，明确规则	1. Analysis the rules（任务规则解析：教师宣布活动规则，明确教学任务）； 2. Introduce the information of the hobby group（任务难度解析：Group leader 解析各社团的招聘需求、竞争难度系数等）	【设计意图】 招聘目的：选出表达流畅、才艺出色、临场机敏的社团成员； 教学目标：发展学生的语言运用能力、专业技能、职业素养； 学生了解职场游戏规则，寓语言学习于真实的活动中 【媒体资源】 视频、数据分析	善于利用互联网技术处理信息、未来幼师"讲"的能力

续表

教学流程	知识负载	知识探究 师生互动	设计意图 媒体资源	职业岗位 观测点
任务执行问题反馈问题解决（60分钟）	天生我有才 Carrying out the task：show your talents 能填写个人简历 能进行兴趣的信息汇总并介绍社团情况 能使用所学句型谈论兴趣爱好 I like/enjoy doing … I dislike/hate doing … I'm crazy about … … is my favorite. It's boring/interesting/exciting…	1. Prepare for the interview（进入趣味听说堡，进行听说训练：模仿对话、在线填空、配音练习）； 2. Fill out your resume（填写个人简历和应聘意向）； 3. Introduce yourself（通过自我介绍及和 Group leader 的对话反复操练句型巩固前知）； 4. Show your hobbies（结合所学句型，在 60 秒规定时间内高效地展现自己的才艺）； 5. Two－way choice（受多位品牌官青睐的选手获得反转权利）； 6. Gather the information（新产生的五大社团组合成小组，团队合作完成社团信息汇总表）（教学意外：学生不满足于书本知识，要求学习 H5，师生协商修改任务为：完成 H5 社团推介作品）	【设计意图】 1. 学生自主选择学习内容、自主调控学习进度、自主开展学习评价，实现私人定制的个性化学习； 2. Group leader 及时获取应聘者信息及数据分析结果；人与信息的快速交互解决了传统教学中信息获取片面、分析滞后的难题； 3. 在高仿真、沉浸式环境中进行渐进式学习，提升听说能力； 4. 展现了未来幼师的语言运用能力、专业技能和信息化素养，突破了教学难点； 5. 还原职场真实法则，形成职场生存的策略思维和价值思维； 6. 利用信息技术处理文本是幼师的必备技能，教学过程和职场需求有效对接； 【媒体资源】 SECOND LIFE 学习软件、电子相册、H5	教学活动设计与"画、弹、跳、唱、制"等专业能力发展相结合，提升未来幼师的信息化素养、团队合作能力；教学过程和岗位需求对接

续表

教学流程	知识负载	知识探究 师生互动	设计意图 媒体资源	职业岗位 观测点
汇报展示任务评估（20分钟）	花开凤自来 Summary of the task: your talents will win the favor 评价总结、激励成长	1. Vote for the spokesman of each hobby group（根据内部评价六维度，网络评选形象大使并颁发聘书）； 2. Speak for hobby group（形象大使使用虚拟演播厅录制社团推介视频，面向全校播放）； 3. The teacher makes a summary（回味重难点，点拨易错点；总结陈词：坚持比选择更重要）	【设计意图】 1. 体现信息化教学"生本"的出发点和归宿； 2. 所学即所得，作品即成效，进一步放大本课的教育效应； 3. 在信息技术支持下，现场点评与网络评议相结合，学生自评、互评、师评相结合，却没有留下刻意的评价痕迹，一切都自然发生 【媒体资源】 虚拟演播厅、网络评选	善于展示自我是职场成功的需求；教学评价对未来幼师的促进作用
任务拓展（课后）	寻找 Only You Widening the task: find Only You 测试巩固、拓展延伸	1. Widening the task of teaching（知识拓展：完成拓展加油站知识巩固测试）； 2. Widening the task of activity（活动拓展：完成面向全校的社团招聘海报，上传校园网，寻找 Only You）； 3. 教师对学生的参与度、作业内容、语言应用情况进行跟踪监督，提出建议	【设计意图】 1. 及时巩固学习效果，体现课堂绩效理念。明晰自己的发展基点：我离"非你莫属"的职场定位还有多远？ 2. 提升学生利用信息化学习、探索、展示的能力，将教育功能再次外延； 3. 互动交流、在线答疑，学生学习突破教学时空局限，教师实时掌握学生的学习情况 【媒体资源】 学习软件、校园网	利用信息化环境学习、探索、展示的能力

九、学习评价设计

学习评价设计如图 3 - 2 所示。

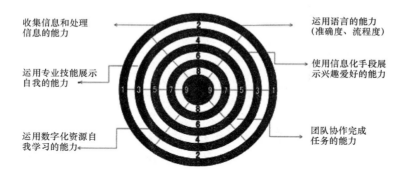

收集信息和处理
信息的能力

运用语言的能力
（准确度、流程度）

运用专业技能展示
自我的能力

使用信息化手段展
示兴趣爱好的能力

运用数字化资源自
我学习的能力

团队协作完成
任务的能力

图 3 - 2 "职味课堂"目标评价六维度

学习者档案如表 3 - 2 所示。

表 3 - 2 "职味课堂"学习者档案

社团	姓名	年 月 日

自我评价	
观察点	得分
收集和处理信息的能力	
运用语言的能力（准确度、流畅度）	
运用专业技能展示自我的能力	
使用信息化手段展示兴趣爱好的能力	
运用数字化资源自我学习的能力	
团队协作完成任务的能力	
同伴评价	
收集和处理信息的能力	
运用语言的能力（准确度、流畅度）	
运用专业技能展示自我的能力	
使用信息化手段展示兴趣爱好的能力	
运用数字化资源自我学习的能力	
团队协作完成任务的能力	

续表

教师评价	
可接受度评价（内容、表演形式）	
可行性评价（信息化手段、组织形式）	
岗位胜任力评价（感染力、表现力、语言组织）	

十、反思审视

1. 收获

我们的核心思维是让学习真正发生，让语言学习与专业技能、职业能力相融合，促成"职味课堂"教学生态的整体优化，实现教学的意义转向。

一是沉浸式课堂。教学组织形态的改变抹去了课堂的界限，活跃的思维在真实与虚拟间游弋，学生在沉浸式学习环境中体验语言运用，提升职场技能；通过改变学习方式，学生获得主动赢得未来的能力，师生形成"发展共同体"，利用真人秀情景教学，将课堂教学与专业提升有效结合，实现了云课堂的数字化生存，顺应了"互联网＋教育"的发展趋势。

二是个性化学习。SECOND LIFE 软件的自主开发，让学生可以自主选择学习内容、自主开展学习评价、自主调控学习进度，其媒体化、网络化、数字化手段有效地突破教学重难点，实现了云教学"私人订制"的新形态。

三是无痕化评价。在知识传递、吸收内化、输出展示的过程中，多元多维的评价润物细无声，使学生的表达能力、交际能力、团队意识、信息化素养、职业能力都有了不同程度的提升。大数据分析、双向选择，没有刻意的评价痕迹，而评价早已融入学生的心中。这样一种文化课综合培养模式，为学生今后的职业生涯规划和社会大舞台的展现提供了丰厚的土壤。

2. 审视

由于技术的局限，虚拟教学时空的深层内涵还没有完全实现，SECOND LIFE 教学软件的资源还需要在日后的教学中进一步丰实。

3. 对策

第一，当我们无法改变外部条件的时候，就努力改变自己。"问计"于网络，收集信息资源；"问计"于同行，汇聚团队智慧，"问计"于学生，师生集思广益共同突破难题，真正实现"教学相长"。

第二，利用网络与学生互动，深入他们的 SECOND LIFE 学习空间，经常给予激励性评价，长期坚持，必有奇效。一堂课的精彩，其实不在于呈现教者的精彩，更在于呈现学生的精彩。新教育的理念是：只要行动，就有收获；只要坚持，就有奇迹。我们坚信，只要努力，"职味课堂"就会创造奇迹。

（说明：本项目为 2016 年南通市教学大赛信息化教学设计比赛一等奖作品，参赛团队成员为杨一丹、陈小军、吴丽丹）

第四章

"职味课堂"的现实实践

第一节　教学设计体现"职味"

如何做有效的教学设计

在"职味课堂"上，做好教学设计，是教学效果最优化的基础。本节以学前教育专业"幼儿英语故事教学活动"项目为对象，分析如何在教学设计中体现"职味"，实现教学效果最优化。

一、什么是教学设计

教学设计是在分析教学需求与问题的基础上，进一步确定解决教学问题的步骤和方案，通过评价和反馈来检验方案实施的效果，并修订完善方案，以优化教学的一种规划过程操作。在中职课堂上，教师需要根据教学对象和教学目标，比如在分析学前教育专业学生的学情、岗位需求的前提下，确定合适的教学起点与终点，有序、优化地安排教学诸要素，形成教学方案的过程。

二、教学设计的方法和原则

中职课堂的教学设计要遵循教学过程的基本规律，与职业需求紧密融合，选择教学目标，以解决教什么的问题；教学设计以计划和布局安排的形式，对怎样才能达到教学目标进行创造性的决策，以解决怎样教的问题。同时，以系统方法为指导，把教学各要素看成一个系统，分析教学问题和需求，确立解决的程序纲要，使教学效果最优化。比如，在本堂课的教学设计中，将各教学要素整合成"人、物、脉、事、境"五个方面进行设计。

在进行教学设计时，要遵循四个原则。一是折叠系统性原则，立足于整体，做到整体与部分辩证地统一，最终达到教学系统的整体优化。二是程序性原则，根据教学设计的程序性特点，体现出规定性及联系性，确保科学性。三是可行性原则，教学设计符合主客观条件，考虑学生的年龄特点、已有知识基础和师资水平、教学设备、地区差异等因素。四是反馈性原则，教学成效考评只能以教学过程前后的变化以及对学生成果的科学测量为依据，修正、完善原有的教学设计。

三、存在问题和解决策略

对当前教学设计和教学实施中存在的问题，需要对其予以明确和理解，认清产生的原因和具体的影响，通过合理的措施进行优化，发挥学生的主体作用，调动学生的能动性，提高学生的核心素养。

1. 问题一：对教学主体缺乏正确认知

现代教学理念提倡自主、合作式的教学方式，其本质是要求学生大胆尝试一些全新的事物。但是，当前中职课堂的很多教学设计中，教师依旧使用"灌输式"的教学方式，没有给予学生自我练习的时间，学生始终处于边缘化的位置，学生的一切活动只能盲目地听从教师安排，久而久之，学生不敢过多地尝试。受传统教学方式的影响，学生在接受新事物的时候，需要时间消化与感悟。这种被动式的教学方式很难起到良好的教学效果。

解决策略：明确学生的主体地位。

职业院校以培养技术应用型人才为目标，教学实施应引导学生进行探究式学习。首先，要改变教学方式，教师要关注教学内容、教学环节、教学方式和作业布置等方面，让学生的学习模式从被动转变为主动。其次，通过疑问—探究—学习—分析—总结，让学生能够从疑问中走出来，拥有清晰的思路解决问题。最后，在实践性互动教学中，教师要引导学生将专业知识转化为实践能力，充分发挥每一位学生的潜能，增强学生的职业素养。

如在本堂课设计时，基于学生"Tell me, I just forget; Show me, I only remember; Involve me, I will learn"的学习心理体验，在学法上采用自主探究、团队学习、体验式学习、U – learning 等。学生组成剧组式学习团队，在"童话剧本"的引领下，对学习过程中的疑难问题进行协作探究。无论是学生个体或小组的自主探究都应在教师精心设计下进行，在学生探究的过程中，教师时刻关注，给予必要的指引，使学生的自主探究真正富有成效。

2. 问题二：教学内容无法适应企业和市场需求

职业教育的人才培养目标是培养人格健全、专业知识扎实、实践能力较强、敢于开拓创新、善于团队合作的高素养技能人才。但是，当前中职课堂中，很多教学设计内容往往包含过多理论性知识，实践性知识较少；在知识结构和内容方面，教师过多关注学科的系统性、过多强调理论知识，学生实践训练不足。在教学过程的实施中，教学过程缺乏创新，课堂气氛僵化，"教学做一体化"各环节相脱节，也缺乏有效的情景教学和案例教学，因此教学应用性不强，脱离市场和企业要求，学生在毕业后难以达到工作岗位的基本要求。

解决策略：教学设计及实施贴近职业岗位需求。

职业院校的人才培养是在专业人才培养方案的框架下，通过课程支撑、课程需要在特定的课堂环境下由教师、学生共同完成。因此，教师应将实践性环节放在首要位置，根据社会的发展需求开展实践性的教学工作。教师在设计教学方案时，应以市场需求为导向，以企业的价值观和职业发展为准则，让教学内容满足技能人才培养的基本要求。在实施教学过程中，教师要关注学生知识点技能点的掌握程度、学生课堂参与程度、课堂互动情况，要关注理论学习成绩与实践动手能力是否达到预期，使学生动手能力和专业技术技能切实符合职业岗位需求。此外，教师还要充分利用一切教学资源，让教学内容的呈现形象化和多样化，真正做到让课堂教学富有生命力。

在本课教学设计时，教师根据职业教育的培养目标，根据学前教育岗位和技术领域的实际需求调整教学内容，并优化教学环节。如创设虚实结合的"童话云课堂"，通过远程会议系统突破时空的局限，实现学校课堂与幼儿课堂交互，真实课堂与童话课堂交融的愿景。同时将优秀的幼儿园文化引入课堂，使教学内容具有实践性，增强学生对知识的兴趣，学生在实践的过程中感受真实的幼儿教学情境，增强实践课堂的教学效果。

3. 问题三：教学设计偏离教学主题

在教学活动的设计和组织中"创设情境"是教师应关注的重点。但是从当前的中职课堂教学实践中发现，部分教师非常刻意地突出"新奇"，去创造一些与实际情况不相符合的问题情境，结果引发了更多的"问题"；部分教师的教学设计没有一个明确的主题，没有明确的课堂主体，缺乏明确的教学目标，尽管课堂教学活动非常多样化，但由于不能够明确教学的重点和难点，导致学生不能够分析和总结知识之间的内在联系，进而影响了学生的学习效果。

解决策略：确定明确的教学主题。

可从三个方面实现明确的教学主题。首先，保障设计目标的具体化，要写清楚要求，指向清晰，不制定无法完成的目标。其次，有一个明确的价值观和情感态度，让知识技能在设计目标中体现出来。最后，基于工作过程，要让教学目标与专业人才培养目标符合，与企业人才需求规格符合，整个课堂都要围绕专业的核心开展教学，充分体现专业特点的同时还要结合学生的实际调整教学目标。

如在本堂课教学设计中，为满足不同基础、不同个体的学生的学习需求，教师根据学生的年龄水平和经验背景，将教学目标合理化和可操作化，将目标转化成为内在的学习动力。学前教育专业的学生和普通的中职生不同，他们在课堂上扮演着学生和未来幼师的双重角色，需要提升学习和教学的双重能力。根据多元智能理论，鼓励学生发展优势智能，在活动设计时与专业技能相结合，形成"跳、画、唱、演、制"五个小组，透视"反木桶"理论中的"长板"，关注学生积极心理，以特色化童话剧本彰显个性，达到良好的教学效果。

4. 问题四：缺乏合理化的评价机制

评价方面的诊断方式主要是学生自评、互评、教师评价等。在课堂教学中，教师为了激发学生学习的积极性，往往会利用评分的方式对学生的学习情况进行系统化的衡量。但在实际操作过程中会出现评价不及时或者评价不客观，教学目标与评价标准相互背离的情况，教学评价缺乏方向性和实效性。

解决策略：完善教学中的评价策略。

教师可依据学校整体教学质量评价机制，从不同角度考虑问题，制定出适合本专业特点的教学质量评价方案。教师要对学生的职业素养进行分析，让学生在职业活动中能够遵守相应的道德规范，养成良好的道德品质。尤其是在实践环节的评价中，教师要重点考核学生的职业意识，培养学生爱岗敬业精神，体现职业教育实践性教学的目标。在实践教学中，教师可采取综合性的评价模式，以过程加结果的方式展开评价，以小组互评、自我评价和教师评价等方式，让学生明确自己存在的问题并找出问题的原因，促进学生的全面发展。

如在本堂课中，通过多元、多维的评价，使评价方式从平面走向立体，从单一走向多元。在信息技术支持下，幼儿投票与网络评议相结合，学生自评与同伴互评、教师评价相结合，激励学生迈向更远的目标。量化评价和质性评价相结合，让学生创造力能够获得最大限度的表现，实现评价不但从外在激活人、塑造人，还要努力从内在唤醒人、生成人的功能。

综上所述，职业学校的教学设计和教学实施的首要任务，是树立以学生为中心的思想，最大限度地给予学生自由发挥的空间。职业院校教学类型多样，教师要针对教学特点具体问题具体分析，进行充分的调查研究，分析课堂教学存在的问题，在教学实践中不断反思与调整，指导、督促、激励学生成长，提高教学的有效性。

第二节　教学评价评出"真味"

教学评价玩"变脸"

当前，中职校的课程改革正向纵深推进，小组合作学习"忽如一夜春风来"，在英语课堂上被广泛推广应用。作为课程改革倡导的三大学习方式之一，小组合作学习改变了教师在课堂上的"垄断"地位，有助于学生的主动性、创造性的充分发挥，得到了广大中职教师的普遍关注。学习方式的变革是一个系统的、全面的变革，目前教学评价体系的滞后和不合拍，导致中职英语课堂的教学生态并没有发生根本性的变化。如何优化中职英语课堂上的教学评价是改变当前职业学校教学生态的必选题。

一、教学评价的实践困惑——热闹过后，这里的黎明静悄悄

新课程、新理念下高举"自主、合作、探究"旗帜的中职英语课堂，有热热闹闹的分组活动，有慷慨激昂的小组展示，有你追我赶的课堂竞赛，不可谓不热闹。然而喧嚣过后，我们需要回归教育的原点追问：学习方式的改变让学生学习生态改变了吗？如果改变不大，问题何在？笔者认为，以下4个方面是造成教学评价游离于教学实践之外的原因。

1. 评价主体错位催生"局外人"

由于沿袭多年的传统教学课堂评价模式的惯性使然，我们已经习惯了将教育主管部门、学校、教师视作权威的评价主体，而学生作为被评价的一方，难免处于消极被动的弱势地位。为了保持评价主体的权威性，同时减少评价的主观性和随意性，教师往往会无意识地排斥被评价者，也就是学生对评价的介入。具体表现在：教师包办了大部分的评价，无论是课堂练习的量化评价，还是课堂展演的质性评价，评价的主体多由"权力人士"——教师担任。这种单方的、孤立的评价容易导致评价者与被评价者在心理上的不自觉对立，给被评价者带来"局外人"的负面心理，进一步导致教学评价流于平面和独断。

2. 评价标准模糊导致"假热闹"

小组合作学习从教学过程的集体性出发，将合作性的团体纳入了课堂教学之中，在这样的团体中，学生不再是"单独出击"，而是"抱团作战"。然而由于评价标准的执行模糊，表面化和形式化倾向突出，普遍存在"看上去热热闹闹，实际上参与度小"的现象。比如，在"Warming - up"环节中，教师提出问题后让学生分小组讨论，教室里看似一片热烈讨论的情境，其实很多时候是一种"活而无序"的"假热闹"，学生看似在七嘴八舌发表观点，其实真正参与话题讨论的只是几个人，部分基础薄弱的学生在谈论一些与学习无关的内容；在小组辩论赛中，稍微拓展一下话题便兴奋过头，变成脱离主题的闹哄哄的战场，常常为了无谓的纷争而影响教学安排……

3. 评价内容狭义形成"边缘人"

由于很多中职教师对"组内异质"的"质"只理解为学习成绩，导致评价内容过于狭隘，过于强调有层次的合作表象，忽视了学生主动有效的学习状态、在小组活动中的参与度和教师的互动情况等内容。比如在小组的架构中，大部分小组的构成都是以学生为中心、不同学习层次的学生组合而成，学优生在承担展示汇报任务主角的过程中得以发挥潜能，张扬个性，而学困生在小组合作中脱节于团体目标，就如同游离于评价之外的"沉默的羔羊"，要么在讨论环节袖手旁观，要么在汇报环节坐享其成，成为小组合作中冷漠的"边缘人"。

4. 评价方式单一造成"大锅饭"

教学评价的最终目的是让人人受到激励，但这样善意的初衷并不意味着纵容"南郭先生"在小组合作的过程中"吃大锅饭"。在目前的中职英语课堂上，很多教师有意识地规避了用量化成绩对学生进行"英雄排座次"，倾向于对小组合作进行以自然语言为主的质性评价，基于评价的激励性原则，往往通过评选最佳小组、最优团队等方式激发学生学习热情。然而一个小组只要有一个优秀的代言人,其余的小组成员就都可以分享其成绩。这种具有高度的同质一致性的评价方式,表面上似乎客观、公正、可信,却缺乏必要的针对性,不仅无法从本质上客观反映每个学生的发展,反而会导致部分学生滋生平均主义心态,坐享其成,失去参与小组合作的积极性和主动性。

二、教学评价的原点解读——和风细雨,吹皱一池春水

中职课堂教学评价应符合教学评价的共性要求,为学生的发展服务,以学生的发展为导向,更要切合中职独特的课堂教学生态,实施以积极评价为核心机制导向的评价方式,不仅要使学生成为"知识人",更要成为"社会人""职业人"。因此,小组合作教学评价的实施要符合学生身心发展特点,要符合职业教育教学的规律,要以"春风化雨、润物无声"的教育姿态,发现学生特长,激发学生潜质,让学生真正成为课堂的主人。这是有效开展小组合作学习的重要前提。

1. 有分寸的激励

中职英语教师首先要明确,教学评价作为激发学生内驱的"利器",应该使人人都受到激励,不能仅仅局限于一部分学生,更不能成为刺伤学生自尊的"凶器"。中职教育要避免"精英"取向的"审判式""选拔式"评价,因为这类评价仅对部分学生产生正向激励,大部分基础薄弱的学生只能成"受伤者"。但过多过滥、分寸失当的赏识教育也不可取,一味地评价"Wonderful!""Great!",或者过度的"心灵鸡汤"式评价会成为学生成长的"温柔杀手",产生不正常的"温室效应",让部分有惰性的小组成员滋生平均主义心态。所以,教师在提倡赏识教育的同时,一定要注意掌握好激励的分寸。

2. 有目标的引领

为了每位学生的按需发展,教学评价必须具备引领学生发展的功能,通过有目标的外源推动,强化学生的发展内驱。因此,在小组合作学习中,必须明确评价的目的和要求,这是确保小组合作学习有效进行的基础。合作学习的评价应该是一种有目的的活动,评价要指导和支配整个合作过程,绝定合作学习的发展方向。教学评价要贯穿学习活动的全过程,从任务开始到分工合作,再到成果展示等环节,每一个阶段都应该达成什么目标,有什么要求,这样的目标评价应该贯穿整个学习过程,绝不能随心所欲,想评什么就评什么,想怎么评就怎么评。

3. 有个性的发展

当前教育评价日渐多元，方式日渐多样，发展渐趋科学和合理。从评价的主体来看，从单向的教师评价，到师生的交互式双向评价，包括生生互评、自我评价、企业评价等；从评价的内容来看，从只注重知识的单一评价，到包含知识与技能、过程与方法、情感态度价值观的多维评价；从评价的方式来看，从只注重分数的量化评价、只注重结果的终结性评价，到量化评价与质性评价并举，过程性评价和终结性评价并重。但科学合理的教学评价并不意味着在进行小组合作评价时，所有的评价方式要面面俱到，"一个也不能少"，而是应该有取舍，有侧重，体现英语学科个性，体现职业教育的专业特性，选择适合教学内容和学情的评价方式而用之，才能引领课堂生态和小组合作学习生态发生积极嬗变。

三、教学评价的现实诉求 ——快乐"变脸"，我的课堂我做主

教学评价的目的在于促使师生对"教"与"学"的活动进行深层次反思，让课堂教学活动更加高效。在中职英语课堂的小组合作学习中，我们要思考的是：如何在积极心理学视野下，让干巴巴的教学评价快乐"变脸"，切合中职的独特教育生态？如何让乱糟糟的"假合作""假热闹"变成有序、有效的"真合作""真收获"？如何让评价服务于、服从于培养目标，实现符合中职学生个性的按需发展，实现"我的课堂我做主"？笔者以为可以从以下四个方面进行探索。

1. 评价主体多元合力

在小组合作学习活动中，评价主体要力求多元化与民主化，强调建立学校、教师、学生、家长、企业专家等合力参与、交互影响的评价制度。该制度通过学生自评、组内互评、组间互评以及教师评价等多种评价进行多渠道信息反馈，从而促进学生的发展。学生自评有利于学生的自我认知、自我调控、自我完善、自我修正，正如叶圣陶先生所言："尝谓教而教各种学科，其最终目的在达不复教，而学生能自为研读，自求解决。"要达到这样的目的，教师必须使学生具备自我评价的能力，譬如小组成员可以用口头或书面的形式，对自己的课堂表现，如参与小组活动的积极性、回答问题的准确性等进行自评。小组自评、互评有利于学生之间的合作共处、取长补短，形成互学互查、互帮互助的局面，譬如可以对小组成员的合作态度、合作质量、小组合作贡献度等进行评价。教师评价要以学生为中心，从合作活动中发掘一切有利因素促进学生的发展。要关注学生的合作状况、参与程度，看到学生优点时，要及时"小题大做"，让学生动起来，让课堂活起来。只有确立学生在评价中的主体地位，他们才能真正成为学习的主体，小组合作学习的效果才会有量与质的飞跃。

2. 评价标准切实可行

评价只有在一定的标准下才有意义。对小组合作学习活动的评价如果没有切实可行的标准，就如同没有尺度的标尺，信度将无存，效度也无从谈起。那么制定标准是否就意味着将学生的合作学习活动强行纳入某个框架中进行评价，为其进行某种静态描述或贴上某种固定标签？笔者认为，评价标准并非一把尺子统一"度量衡"，更不能"放之四海而皆准"，中职课堂评价应该综合考虑学科特点、专业特色、学生实际，尊重学生的自主性、能动性和创造性，评价标准的制定应该着眼于促进学生知识、技能、情感、素养等方面的和谐发展，对小组合作的内容、方式、过程、成效等方面进行评价，并根据小组合作学习的实际情况进行动态调整。

3. 评价内容多维拓展

中职的教学评价应关照其独特的教育生态。如果评价内容依旧单一地偏向知识的掌握，对于基础薄弱的中职生来说，其实只是一个标准、一个尺度下的"形式公平"，只有开阔评价的视角，让评价的维度更多元，将知识与技能、过程与方法、情感态度价值观都纳入评价的体系，并且忠实于中职生力所能及的发展，进行恰如其分的评价，中职生才可能获得某种"实质性"的公平。比如合作学习评价的内容可以是合作学习的准备、实施，合作学习的完成、合作技能的运用，包括一些非智力因素如学生的学习习惯、情感体验、参与任务的主动性以及学生在合作过程中是否有明确的分工，和其他成员是否配合默契，合作过程中是否有创新表现等都可以在评价内容中占据重要比例。通过对学生正向品质、积极心理的发现和挖掘、呵护和培育，有效地激发每个学生在小组合作学习中的参与热情和创造潜能。

4. 评价方式创新升级

教学评价的目的并不是要将学生分成三六九等，而是给学生提供各种表现其所知、所能的机会。教师要思考，采取什么样的评价方式才能解放中职生"学习力"，让中职生不再畏惧评价，而是期盼、渴望评价。这就需要我们尽可能避免将小组合作学习的过程和成效"简化"为可以量化的数字，重视对小组学习的内容、方式、过程与成效的质性评价，将量化评价与质性评价进行结合，有效地描述学生发展的状况。比如在小组诵读、对话过程中对学生培养的学习习惯进行评价；在小组展演、竞赛过程中对学生的合作能力进行评价；在小组归纳整理的过程中对学生的学习效率进行评价，对整个合作学习过程中学生动手做、动眼看、动耳听、动脑思、动口议、动笔写的能力进行评价。这样的评价不断催生学生的"学习力"，让学习升级为一种"不断创新"的持续行为。学生在合作学习过程中可以不断地挑战自己的学习"极限"，真正做到"我的学习我做主"。

中职生的成长是一个多向丰盈的过程。让教学评价快乐"变脸"，实现评价不但从外在激活人、塑造人，而且从内在唤醒人、生成人的功能，让中职生对更远的目标产生前行的欲望，我们任重而道远。

（原文发表于《南通教育研究》，2016 年第 1 期）

第三节　教学反思悠悠"品味"

我思故我在——关于教学反思的反思

《礼记·学记》有言："学然后知不足，教然后知困。"教师对此都深有感触，教学其实是一门带缺憾的艺术，再精彩的课堂也避免不了疏漏和失误。那么"知不足""知困"后怎么办？孔子曰："学而不思则罔，思而不学则殆。"于是教学反思就有了用武之地。

那么，作为英语教师应该怎样写好教学反思，促进自己的专业成长呢？笔者在长期的中学英语教学实践中，觉得有如下 4 点是要注意的。

一、记录真实感悟　反映教学原汁

反思应似清泉，点点滴滴都透明晶莹，真实地展现教学得失。我们赋予教学思考的都是真切的历程，就如裸足踏地的感觉，总有滋润渗入肌肤，让我们悟知教学的历程容不得半点空虚。

首先要明确，反思到底应该思什么？第一，我们可以思所"得"。成功之举当然值得一说。如教学过程中插入了一个英语谚语故事引起的教学共振效应、课堂评价时灵机一动采取了应变得当的措施、教学理念恰到好处的渗透，等等，我们都可以原汁原味记录提炼，并可在此基础上改进完善、推陈出新，供以后教学时参考。第二，我们也要思所"失"。任何一堂课都不可能成为令人遥望和膜拜的"圣课"，有"烟火味"的课纵然不完美，却更有生命力。所以教学反思时大可不必避讳"败笔"之处。课文短剧表演是否热闹有余而价值不大？课的容量是否太大，PPT 是否令人眼花缭乱？疏漏失误之处要回顾梳理，做深刻的思考、探究和剖析，吸取教训，引以为鉴。第三，反思还要思创新。因循守旧的课堂是没有生命力的，有创新的课堂才会生机勃勃。如何应用教学新模式，如何采用教学新技巧，拓展思维新空间，都是教学反思的着力点。第四，反思也要思所疑，如学生学习过程中的语法难点如何突破，在以后的教学中如何复习才更有针对性。教师教学过程中的疑点更要反复研磨，加深该知识领域的研究和领悟。只有以清醒的思路去思考日常教育教学中的点滴，墨痕清晰的教学反思才会真趣相随。

二、克服思维惰性 注重及时反馈

人都是有惰性的，随意的教学行为往往会让我们忽略了自己的教育梦想，从而渐行渐远。所以写教学反思，贵在及时，贵在坚持，贵在形成系统，从而"集腋成裘、聚沙成塔"。

首先，教学反思一定要及时。教学过程是一个动态多变的过程，"智慧的火花"往往瞬间而至、稍纵即逝，如果不去及时捕捉，就会因为时过境迁而烟消云散。所以教师要适时地反思自己的教学行为，记录课堂的得失、偶发的事件、顿生的灵感、知识的缺漏、教育的困惑等，进行"反刍"和再学习活动，斟酌损益，扬长避短，在日积月累、潜移默化中提升自身的教学水准。其次，教学反思贵在坚持。从内心深处，每个教师都想做好教师，然而真正行动时往往会因惰性而去寻找借口，很容易被杂事乱了心志，得过且过，一曝十寒，遗忘了梦想中的目标。所以教师要养成自觉反思的习惯，一有所得，及时写下。只要坚持长期积累，就能超越自我，由量的累积形成质的飞跃。最后，教学反思要形成系统。反思的目的不是仅为了某一个教学细节或者某种教学技巧，而是为了提升教学理念、教学思维，激发教育教学的生命活力。教师要遵循教学规律，进行系统地反思、实践、总结、提升，形成系统化意识，成为继备课、上课、批改作业等基本教学环节后不断自我改进、提升和超越的必然行为。

三、捕捉思维灵感 研磨教学细笔

教师不是画家，但要在繁芜的杂事中学会驻足，撷取美的片刻；教师不是作家，但要养成习惯，记录每一次师生不经意"碰撞"间迸发的感动。比如在教学过程中，巧妙的"Leading"环节常会激发出学生"节外生枝"的"奇思妙想"，生发出创新火花，教师要及时掌控时机，在课堂上果断地捕捉这些信息，重组整合，并借机引发学生热烈的"Speaking""Talking"，把课堂推向高潮；同时我们更应利用教学反思去捕捉、提炼这些思维灵感，将这类智慧火花记录下来，为教研积累第一手素材，以资研究和共享。

教育教学的过程中，沿途的风景万千，我们需要反思的时间，允许思想的恣意驰骋以支撑起我们前行的意志，而不是一味无目的地奔走；我们需要阶段性地整理思维碎片，在跋涉的过程中停留，驻足，回望，"三省吾身"。教师的日常教学和管理工作往往繁杂忙碌，所以反思的视角可以"小"一点。如果要对每一堂课都进行全方位的反思，无疑会增加教师的负担，时间一长反而会偏离初衷，流于形式。教师要做一个教学的"有心人"，每一个教学细节都可以成为反思的因子；目标的确定、教法的选择、情感的激发、讨论的形式、探究的实效等课堂轨迹，皆可成为教学反思的宝贵资料，把美丽的刹那，感动的心情，一字一句，孜孜不倦地化为教学思绪之细笔。

四、浇筑独特个性 沉淀教学智慧

教学智慧需要在思考的经纬中慢慢沉淀出它的价值。平庸和出色，只是单纯的两个词，而两者之间却相隔千山万水。很多教师已习惯于循规蹈矩套用某一教学模式，进而陷入人云亦云、亦步亦趋的迷阵。其实细想一下，任何教育模式和教育理念都难免有其局限性，一旦习惯于"盲从"，缺少了批判性思维，课堂就失去了勃勃生机。所以教师应逐步建立起批判性思维，以独特的视角分析、反思我们看似正常的教育教学行为，这样的反思能引起心灵的触动。而反思的更高境界，就是将教学过程中经过思考而产生的认知融会贯通，创造出独特的教学风格和个性，促进教育教学从"稳境"提升到"醇境"，或许还能达到"化境"。

当教学积累达到一定的程度时，各种知识糅合沉淀成独特且丰富的教学体验，各种思绪交相汇聚成别具魅力的文化浸润，各种教学特性投入课堂的熔炉冶炼出独具特色的教学风格。怎样形成自己的特色？教师要思考的东西很多，比如课堂结构是否存在"流水席"现象、讲台前的学生在"act out"之时下面的学生是否在"寂寞游离"、"Speaking"环节师生互动是否有点"水面微波"的感觉、语法教授环节是否有"无所经营"的无力感、"任务单导学"是否调动了师生的思维活力、"满堂电"的多媒体展示是否有越俎代庖之嫌等。对这些"内伤"必须认真回顾、仔细梳理、深刻反思、深入剖析，并对症下药，才能找出改进策略，形成一位英语教师独特的教学个性和风格。

当一个教师真正做到用心揣摩教学过程中类似于举一反三、万涓成河的教学规则时，一定会有幡然顿悟、涅槃重生的感觉。这就是教学反思的意义所在。

（原文发表于《中国科教创新导刊》，2012 年 36 期）

第四节　"职味课堂"获奖案例

案例1　语文——循着诗人步履　找寻心中田园

《归园田居·其一》信息化教学设计说明

这是一首古老淳朴、幽静祥和的田园之歌，这是一首蕴含人生、舍生取义的智慧之歌，这是一首冲破尘网、张扬个性的力量之歌，这是一首融入自然、享受自由的心灵之歌。

本次教学设计的主题是"循着诗人步履 找寻心中田园——《归园田居·其一》信息化教学设计"，从以下四个方面进行说明。

一、教学分析

俗话说，对症下药，因材施教。结合本次教学内容（东晋诗人陶渊明的力作《归园田居·其一》）、授课对象（计算机艺术设计专业学生）以及对中职语文核心素养的考量，我们做了深入调研，采集各类大数据，对此次教学进行了综合 SWOT 分析，精准把握了教与学的真实状态。

我们发现：

创新解读能引发"无穷创意"是最大的优势；

诗歌学习多存在"浮于表面"是最大的劣势；

信息技术会带来"学习革命"是最大的机遇；

海量信息易造成"选择恐慌"是最大的挑战。

从中，不难看出，此次教学的突破点在于两个方面：

一是如何让平面的文字变成立体，如何将这座1700多年前的中国民居真实还原；

二是如何让古韵变成今风，让陶渊明活在当下，让这位生活的智者栩栩如在眼前。

所以，本课教学目标应运而生：

①认识陶潜其人，能学会知人论世；

②感受田园风光，能找寻诗歌意象；

③进行拓展提升，能汲取古人智慧；

④培养创新思维，能尝试多元解读。

二、教学策略

为了实现教学目标，我们采用"体验式混合教学模式"，将课前课后、线上线下、现代传统有机融合，以云班课为平台，以自制"古诗主题学习云教材——古韵今风"为载体，创设视听结合，立体交互的语文学习环境，让文化可以体验，从而缩短时空距离，实现古今对话。

课堂上，教师与一群"00后"一起，进行一次远足，参观一座古宅，拜访一位古人，体验一种生活。

三、教学过程

课前，平台发布主题任务单。循着诗人步履，找寻心中田园，要求学生通过微课预习并根据兴趣爱好自由组队，确定个性化解读方案。课中，深化品味、完善作品并进行展示，学生带着任务进入课堂。

整个课堂结构分为六个环节。

第一环节：个性导读——悟一下诗画的融合。学习软件呈现的清代著名画家石涛所著《陶渊明诗意图》，特别能引起美术专业学生的共情，让学生调动自己的知识储备，说一说透过图画能联想到的诗句，找出其共同的特征，那就是"田园风光"，从而引入本课。

第二环节：真情诵读——来一场最深情的朗诵。点击诵读按钮，教师精心制作亲自范读的MTV弹出，师生共商诵读方法。同学们找出了韵脚"an"，由此体会到了诗歌的音韵美；发现了"久在樊笼里，复得返自然"这句诗的诵读，应该读出如释重负的轻松感等。把握了诗歌的情感美，诵读的基本方法了然于心。教师布置学生课后为 MTV 配读，参加"人人都是朗读者"活动，竞选"最佳朗读者"。

第三环节：知人论世——会一位最朴实的长者。点击按钮，一位朴素清癯的种菊人映入眼帘，他就是东晋著名的田园诗人陶渊明。公元 391—405 年，到底是怎样纠结的一段时期，让他最后选择挥别官场回归田园？一条曲线，生动展示了陶渊明仕途十三载"五进五出"的曲折，同学们通过扫描二维码阅读教师为大家精选的资料，了解了他早年"大济苍生"、中年"误入歧途"、晚年"归隐田园"的"心路历程"，从而深切感受到他"误落尘网中，一去三十年"的悔恨，"羁鸟恋旧林，池鱼思故渊"的渴望。就这样一个"少无适俗韵，性本爱丘山"的淳朴诗人形象栩栩如生。学生对作者的深入了解为后续学习奠定基础，同学们也找到"知人论世"这把钥匙打开诗歌情感大门。

第四环节：入境赏读——看一看最美的风景。本诗语言通俗易懂，然而这种绚烂至极的平淡，十五六岁的职校生未必能轻易领会。如何帮助他们找到诗中"风景"？音画结合，我们随诗人款款而行，不觉间走进了一个美丽的村落，南边的田野一望无际，诗人正荷锄归来，矮矮的草屋，周围榆柳成荫，桃李丰硕，远处的村庄依稀可辨，炊烟袅袅，鸡鸣狗吠隐隐传来……同学们在诗句中穿梭，找意象、明修辞，发自内心地感慨：陶渊明真是"白描"的高手。

第五环节：精彩品读——聊一聊古人的智慧。教师一边使用软件播放能让人身心放松的音乐，一边将陶渊明的其他田园诗作一一呈现。同学们"穿梭时空"与陶渊明对话，"电子留言本"记录下他们的敬仰：有同学说，您入仕为官十三年，仍不忘"开荒南野际，守拙归田园"的梦想，那种"不忘初心"值得学习；有同学说，深入了解了您的经历，我明白了有时候放弃也是一种美丽；有同学说，您回归的不只是田园，还是一个精神港湾……软件为同学们创设了一个表达的空间，他们追寻着诗人的步履，感受到了古人的智慧与情怀。

第六环节：创意拓读——秀一秀最"闪"的作品。至此，大家对诗歌有了更深刻的感悟，各组完善作品，纷纷秀出自己的创意解读成果：文学"大咖"洋洋洒洒为陶渊明写了一首赞歌，同学们对陶渊明其人其诗有了全新的认知；浪漫"歌者"把流行歌曲《成都》改编成《田园》，诗歌意象在歌词里反复，诗中没有直言的情感在歌声里回环，但作者对田园根深蒂固的爱是歌曲的主旋律；有心"学霸"在云班课与大家分享了一组"《归园田居》印象笔记"，挖掘了"恬淡处事""守住初心""诗意栖居"等写作素材，令人拍手叫绝；巧绝"丹青手"把诗歌绘成了自己拿手的画，简单的几笔勾勒，素淡的色彩搭配，画面很淡，韵味却很浓。这不正是艺术设计专业学生设计需要达到的境界吗？

循着诗人步履，大家找到自己心中的田园，学会了品读诗歌的方法；依托软件与平台，教师也记录下了孩子们的努力，成为科学评价学生的依据。

四、教学效果

本次教学，淡化结构分析，强化诗意体验；破除旧格俗套，糅合知人论世；捕捉人性之光，诗化现实生活。在信息技术的支撑下，师生智慧共享，平等对话，在品读文字中找到属于自己的方向。

附：循着诗人的步履 找寻心中的田园
——《归园田居·其一》信息化教学设计

一、设计摘要

授课内容：归园田居·其一

所选教材：江苏省职业学校文化课教材《语文》基础模块第一册（江苏凤凰教育出版社）

授课对象：对口单招美术专业一年级学生

课时安排：1课时

二、设计背景分析

凸显语文的味道。语文课首先需要语文味，这是语文教师在教学时必须守住的一亩三分地。职业学校的语文课作为文化基础课，更肩负着帮助文化底蕴本来有所欠缺的职业学校学生增加文化底蕴的重任。通过"读"味、"品"味、"写"味凸显其语文味，实现语文的基本功能，让学生在诗意中栖居。

助力学生的成长。职业学校的语文也应实现其工具性的功能，锻炼学生口语表达能力、思维能力、综合实践能力，甚至是职业能力，应树立"为专业服务"的观念，以培养实用型人才为目标。让文化课教学与中职生的成长深度融合，为未来的职场、人生积极做好知识、技能、素养储备。

顺应时代的需求。在这个"互联网＋"大数据时代，信息化、数字化已经全面覆盖，信息化已经不仅仅是一种"时髦""潮流"，而是一种必然趋势，凭借信息化手段使中职语文更加璀璨是必然选择。同时，这些学生伴随着信息时代成长，是信息技术的原住民，能熟练运用 PC 移动终端进行自主学习和小组协作学习，传统的教学模式显然已经跟不上信息化时代的步伐，我们的课堂亟待发生一场深刻变革——所有的一切都在呼唤信息化的到来。

因此通过改变教学组织形态，贯通课前、课中、课后，让语文教学与信息技术互相促进，语文教学与能力发展齐头并进，让语文教学与价值形成同鸣共振，创造平台、创设情境让学生充分体验语言运用，展示风采，提升自信。

三、资源分析

1. 数字化环境

如今的职校生伴随着互联网和智能设备成长，他们能熟练使用网络，习惯数字化阅读方式，喜欢数字化学习带来的灵活性，愿意用数字化资源完成学习，而对于语文的应试教学、学法不感兴趣甚至感到厌恶，没有兴致在课堂中听老师灌输。针对这样的需求，我们教师团队自主开发了名为"古韵今风"的古诗主题学习云教材，结合蓝墨云班课教学平台，创设了"拆掉围墙的智慧教室"的教学环境。该教材将听读说写练多个学习板块综合在一起，将微课资源、图文资料、视频音频素材、课外拓展素材等多种资源巧妙融入，为学生创设虚实结合、情景交融的学习环境，让学生恰到好处地游走网络，在老师带领下"玩中学"。

学习环境：移动网络、移动终端。

学习资源：蓝墨云班课、云教材、微课、古诗词大全等 App 及其他网络资源。

2. 教材分析

教学内容选自由杨九俊主编，江苏凤凰教育出版社和职教联合出版的江苏省职业教育学校文化课教材《语文》基础模块第一册第四单元"千古流芳一诗心"第二篇。教材本身就是一部提高语文素养、增加审美情趣、提升鉴赏能力、激发人生思索的宝典。本单元是诗歌单元，本单元入选的诗篇从远古走来，历经南北朝、唐代走向宋代，而陶渊明、李白、杜甫、陆游，都可视为不同历史时期诗歌领域的领袖人物，这本身就是一次诗歌发展的美丽历程，本课教学内容更是这趟诗歌之旅中特别的一站，其特点体现在以下两个方面。一是**重亲和**。本诗虽时间久远，但作品成就高，诗人影响大，无论是语言、结构、手法都是经典，都是范例，语言充满了亲和力如话家常，让学生深刻感受到古诗不再陌生，不再难学，古诗是一种极具亲和力的文体，进而让学生发自内心地爱上诗歌。二是**有底蕴**。本篇是我国古典文化的精华，是宝贵的文化遗产，其中的不少好句、名句都已经过了千年考验，如"少无适俗韵，性本爱丘山""羁鸟恋旧林，池鱼思故渊"旗帜鲜明地表现出诗人对官场尘俗及山水自然的不同态度，一憎一爱，一抛弃一追求，主观情志跃然纸上，诗句平淡质朴，内蕴十分丰富。

3. 学情分析

对教学情况运用 SWOT 法进行分析，如图 4 – 1 所示。

图 4 – 1 学情分析

四、教学策略

设计思路：陶诗之美，不是一个十五六岁的中学生轻易能领会的；陶诗之情，同样难以引起年轻人的共鸣。但是对于陶渊明，学生是不陌生的，他们从后者学过的《桃花源记》《归园田居》（其三）中，也能对陶渊明的反璞归真、淡泊名利略知一二，而且就诗论诗，《归园田居》文面也不难，所以，这节课将更充分地调动学生的积极性，以信息技术为依托，将课前课后、线上线下有机融合，以蓝墨云班课为平台，以自制"古诗主题学习软件——古韵今风"为载体，创设声情并茂、视听结合、感染力强的语文学习环境，从而缩短时空距离，实现古今对话，于潜移默化中提升学生鉴赏诗歌的审美能力和探究能力。通过学生、教师、文本间的对话，加强学生对诗歌本身的理解与感悟，挖掘诗人的诗心所在，从而深入体会陶渊明恬淡情怀并反观人生。

教法：本项目利用信息化手段，构建虚拟场景，借助日常使用的蓝墨云班课，合理运用学习软件，大胆取舍，将精华资源巧妙引入课堂。采用体验式教学法进行体验式混合教学，综合应用任务驱动法、小组探究法等引导学生认真思考，大胆展示，提升学生自主学习、合作探究的能力。

学法：鼓励学生采用自主探究、团队协作、沉浸体验等方式，以自制古诗主题学习软件"古韵今风"为载体，充分体现信息化环境下群体协作的精髓——开放、合作、平等、共创、共享，让学生学得轻松、有趣、简单。

整体设计：这是一个基于蓝墨云班课的体验式教学设计，本设计聚焦文本赏析、培育兴趣、提升素养，以自制古诗主题学习软件"古韵今风"为载体，课前、课中、课后整体联动，将语文学习与信息技术、能力发展、价值形成有机结合。

五、项目成果预设

本次教学过程，使得语文教学与信息技术、能力发展、价值形成有机结合，具体表现在以下 3 个方面。

一是资源共建、同享，语文教学和信息技术相辅相成，平台成了学生学习的"大舞台"。这里信息化技术不仅是辅助学习的工具、点缀课堂的小花，更是一个海纳百川的数字化学习环境，教学平台的使用、"智游宝"的构建、各类软件的辅助，让学生由被动的"信息接收器"变为主动的"活动参与者"，由亦步亦趋的"课堂执行者"变为有思想的"职场竞争者"。通过各种信息技术的综合运用，知识的传输变得真实生动，教学活动打破了时空的局限，教与学因此变得不同。

二是力促成长、发展，语文教学和能力发展齐头并进，语文成了学生职场的"助跑器"。"文贵自得"，让学生自由地在文章的字里行间徜徉；"潜心会本文"，让学生在读书时自会其意，自得于心；让他们在讨论时针锋相对，求同存异。老师作为"导游"的任务只是在他们疑惑时提个醒，遇到困难时鼓鼓劲，搭把手，真正实现"五还"：将"时间"还给学生，将"空间"还给学生，将"工具"还给学生，将"提问权"还给学生，将"评议权"还给学生。给学生自我管理、自我成长的机会，让他们自己长大，甚至在学生能够主宰的地方适当放权，让他们去"导"，这个时候，教师只需要收获惊喜。

三是重在塑造、唤醒，语文教学和价值形成同鸣共振，人文成了学生人生的"加油站"。本设计的理想是使语文教学为学生的职业人生尽绵薄之力，跳出语文学语文，使文化与专业挂钩、语文与人生相连，让学生从这些古诗中看到适合当代的哲理力量。这里没有"被语文""被阅读"，而是让学生在"一次诗歌的旅行"中熏染性情、矫正品行、浸润修养，从而为自己的职业奠基，对自己的人生负责。在这个课堂里人人感到安全和愉悦，人人可以主宰和出彩，人人都能踏上心之旅。

六、教学结构

1. 教学目标

（1）认识陶潜其人，能学会知人论世；

（2）感受田园风光，能找寻诗歌意象；

（3）进行拓展提升，能汲取古人智慧；

（4）培养创新思维，能尝试多元解读。

2. 教学重点及难点

教学重点：感受田园风光，能找寻诗歌意象。

教学难点：进行拓展提升，能汲取古人智慧。

3. 教学流程

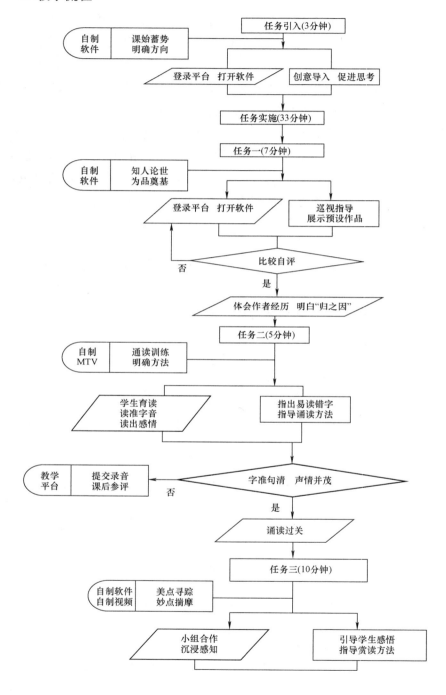

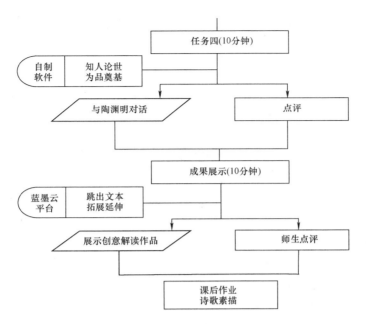

图4-2 《归园田居》教学流程图

七、学习前置资源包

微课资源：包括本课教学目标、教学重点和难点、预习攻略、推荐网站及 App 等，上传教学平台。

拓展资料：陶渊明与归园田居的相关推荐阅读。

学习软件：自制古诗主题学习软件"古韵今风"。

八、教学过程与方法应用

教学过程与方法应用如表4-1所示。

表4-1　《归园田居》教学过程与教学方法

教学流程	教学过程	教师活动	学生活动	技术手段
课前准备	课前摸底有的放矢；平台组织调查活动；平台布置预习作业	1. 精心准备调查表；2. 收集分析调查数据；3. 针对性制作微课并在平台推送；4. 根据调查结果修正教学思路；5. 布置任务：循着诗人步履，找寻心中田园，学生可以根据兴趣和特长自由组合确定个性化解读方案，课中深化品味完善作品并在课上展示	1. 完成平台任务一；2. 填写调查表：陶渊明知多少；3. 查看微课资源，并预习课文；4. 组队，确定个性化解读方案	1. 蓝墨云平台问卷功能；2. 蓝墨云平台投票功能；3. 蓝墨云平台作业功能
个性导读（3分钟）	感受诗与画的融合	播放清代著名画家石涛的《陶渊明诗意图》，以引起美术专业学生的共情，让学生调动知识积累，说一说透过图画能联想到的诗句，找出其共同的特征	1. 看图说诗句；2. 找出其共同的特征	1. 自制学习软件；2. 蓝墨云
真情诵读（7分钟）	来一场最深情诵读	1. 课前精心制作教师亲自范读的MTV；2. 师生共商诵读方法；3. 布置学生课后自己为MTV配读并上传到教学平台，参加"人人都是朗读者"活动，竞选"最佳朗读者"	1. 跟读；2. 共商诵读基本方法；3. 自己为MTV配读并上传到教学平台，参加"人人都是朗读者"活动	1. 自制学习软件；2. 巨星MTV制作课文朗读MTV；3. 蓝墨云

续表

教学流程	教学过程	教师活动	学生活动	技术手段
知人论世（5分钟）	会一位最朴实的长者	1. 教师引导学生重点关注作者公元391—405年的为官路。提问：作者的仕途有什么特点； 2. 展示动画曲线图，请同学用诗中原句回答作者这段经历及其理由； 3. 引导学生了解"知人论世"是打开诗歌情感大门的第一把钥匙	1. 进入平台资源库重看作者生平相关资料，整理思路； 2. 学生发现陶渊明仕途十三载"五进五出"，经历可谓坎坷； 3. 观看动画，直观感受陶渊明早年"大济苍生"、中年"误入歧途"、晚年"归隐田园"的"心路历程"	1. 网络学习平台； 2. 自制动画
入境赏读（10分钟）	看一看最美的风景	1. 音画结合，帮助学生感知诗中"风景"； 2. 讲解"白描"手法； 3. 引导学生寻找诗歌意象； 4. 提问：为什么如此平常之景却如此清新美好	1. 感受田园美景； 2. 找寻诗歌意象，体会本诗意象的共同特点； 3. 找寻诗中修辞； 4. 体会"一切景语皆情语"内涵	1. 自制学习软件； 2. 自制视频； 3. 网络教学平台
精彩品读（10分钟）	聊一聊古人的智慧	1. 补充陶渊明的其他田园诗作：如《饮酒》及《归园田居》其他四篇； 2. 让学生与陶渊明对话	同学们"穿梭时空"和陶渊明对话，"电子留言本"中写下通过学习本诗的感悟	自制学习软件

续表

教学流程	教学过程	教师活动	学生活动	技术手段
创意拓读（10分钟）	秀一秀最"闪"的作品	1. 师：经过前面的互动交流，大家对诗歌有了更深刻的感悟，请各组完善作品，秀出创意解读成果； 2. 师生点评； 3. 视频拍摄记录精彩	1. 完善作品，秀出自己的创意解读成果； 2. 师生点评	1. 蓝墨云； 2. 视频拍摄
作业布置（课后）	1. 总结巩固单：进行"诗歌素描"提交至教学平台； 2. 自主学习单：选读《归园田居》其他篇目； 3. 解惑直通道：进入"答疑讨论区"和教师进行在线交流释疑			

九、反思审视

本诗语言从表面上看通俗易懂，风格朴素淡雅，达到了梅尧臣所说的"难造之平淡"的境界。可是这种绚烂至极的平淡，在学生眼里不免简陋甚至有些寒碜。怎样帮助学生领会本诗的妙处呢？太偏重于语法逻辑教学和文本进行过细剖析，其结果会使学生失去阅读兴趣。于是我们改变传统教学方法，充分利用信息化手段，将学生的潜能挖掘出来，使课程的传授灵动起来，将教书与育人综合起来，让语文与专业结合起来，少了说教，少了灌输，多了自主阅读，多了自我思考，多了职业训练……

1. 说欣慰

一是模式新。有别于传统的"肢解"教学，采用导游式教学模式，结合旅游专业的特色设计活动，把语文知识与专业知识有效结合，使学生做到语文知识掌握与专业能力训练两不误。

二是任务明。全课以"智游宝"为载体，由六大板块串联而成，有整体的战略构思，也有精致的完整框架；课堂形式以学生小组合作、探究学习为主，每一板块都有明确的任务，活动难易得当，富有梯度，而且利于全员参与,自主思考,拓宽思维。

三是评价实。做到发展性评价与终结性评价并用,多激励、唤醒、鼓舞,让学生体验成功的喜悦;单一评价与多元评价相融,不以分数论英雄,而是对学生的参与意识、合作精神、探究能力、表达能力等进行多元的评价;自我评价与他人评价结合,现场点评与网络评议同行。

2. 找遗憾

第一,总觉得自己脑子里的库存还不够,急需充电。这给了自己许多动力,也无形中多了很多压力。要想真正地上好一堂课,必须踏踏实实做好每一个环节,不能一味地求新求奇。

第二,教学软件的资源还不够丰富,需要在日后的教学中进一步丰实。

3. 谈对策

第一,功在平时,利用网络与学生保持互动,深入他们的学习空间,探寻他们的所思所想,对特殊的学生还应该课外多加指导,每一个学生都有闪光点,你给他一份信任,他会还你一份精彩。我们坚信,只要努力,"数字改变职教"的梦想一定会实现。

第二,功在平时,平时要更加注重知识积累,要做到挖掘教材"深"、了解学生"透",这样才能做到运用方法"活"、实施教学"精"、传授知识"准"、教学效果"高"。上好一堂智慧课比传统课的要求更高,看似轻松的背后实际需要更高的素质、更广的知识面,这样才能够驾驭。

(本项目为2016年南通市职业学校教学大赛一等奖作品,参赛队员为黄蓉蓉、杨一丹、黄菊华)

案例2 数学——建筑中的数学之旅

"异面直线"信息化教学设计说明

数学美是一种客观存在的自然美,许多建筑师在数学思维的启发下,不断将数学元素融入建筑中,如对称、黄金比例、数列等,为世界创造和谐美。在本教学设计中,以培养学生数学核心素养为出发点,师生共同走进异面直线,探究异面直线及其所成角的应用,一起继续建筑中的数学之旅。本文将从教材分析、教学策略、教学过程和教学反思四个维度进行说明。

一、教材分析

1. 教材分析

本课时选自江苏省职业学校文化课教材《数学》第二册，第九章第二节。课程内容为异面直线及其夹角，它是立体几何的重点内容之一，也是难点之一，渗透着将空间问题平面化的核心思想。教学要求为：需要学生建立空间想象能力，进而走好立体几何学习的第一步，为后续学习解决线面和面面问题打下基础。

2. 学情分析

授课对象是中职建筑专业一年级的学生。从任教学生已有知识、学习习惯及课前学习任务的完成情况出发，对他们的学习能力、学习态度、学习动机等方面进行了学情分析，找到了一些与教学相关积极因素和障碍因素。

积极因素如下：乐于自学，已掌握平面内两直线关系，有一定自主学习能力，通过课前学习已初步了解异面直线的概念；乐于动手，具有一定动手操作能力，能制作简单几何体模型；求知欲强，对新事物具有较强的求知欲，渴望认识、理解和掌握新知；上进心足，凭已学知识和技能，赢得家长、教师和同学的赞扬。

障碍因素如下：空间意识较为淡薄，空间问题的解决思路还没有形成；实践操作少，原课堂动手实践操作不多，对数学在生活中实际应用问题思考不多；情感体验匮乏，教学内容情感体验缺乏。

3. 教学目标

基于上述对教材和学情的分析，制定如下教学目标。

知识目标：探究学习空间两条直线的三种位置关系，理解异面直线及其所成角的概念；掌握求作异面直线所成角的一般方法。技能目标：初步感受空间问题到平面问题的化归，逐步提高自主发现问题、分析问题和解决问题的能力；在学习探究过程中，能发挥自身优势，进一步优化团队协作能力。素养目标：在任务推进过程中，自然感知数学的实用价值与美学价值；逐步养成实事求是的态度以及质疑和思考的习惯。

4. 教学重难点

根据教学内容和教学目标，本节课的教学重点是异面直线的概念、异面直线所成角定义的理解及所成角的寻找。结合学情分析，学生学习过程中可能存在的难点，即寻找并确定异面直线所成角的过程。

二、教学策略

教学任务设计原则如下。一是任务设计，设计体现"学生为主体、教师为主导"的教学策略，在教学中教师仅起组织、引导、促进、控制咨询的作用。二是注意分散重点与难点。教学任务设计时考虑：任务的大小、知识点的含量、前后的联系等因素；做到紧紧围绕目标，体现"低起点、密台阶、小坡度"的特点，符合"最近发展区"原理。三是注重个人学习与协作学习的统一。任务设计时，分别设计出适合个别学习和协作学习的一些任务。四是注重学生数学核心素养的培养：数学抽象、逻辑推理、数学建模、数学运算、直观想象、数据分析等。

借助互联网、网络教学平台、数学 3D 画板等信息技术手段，借鉴 STEM 教学理念，融合科学实践、信息技术、建筑设计、数学思维等知识，以"做"为中心，以"学"为核心，凸显学生主体地位。让学生在自主探究与实践中，不断激发乐趣，逐步习得解决问题的方法，为学生的可持续发展和终身发展奠定学法基础。采用创设任务设计、激疑启发、演示探究的课堂教学模式等教法，自主独学、合作群学、平台测学的学习模式等学法。

三、教学过程

教学过程分为课前准备、课中探究、课后提升三个环节。课前准备：平台学习、课前任务、平台反馈。课中探究：学生主体、教师主导、共同构建。课后提升：及时交流、实践应用、拓展提高。

1. 任务引趣

课前学生登录学习平台，查阅任务单，完成课前学习任务。一是通过自主阅读教材、观看微视频，学习异面直线的概念、空间两条直线的位置关系、异面直线所成角的定义。二是小组协作寻找建筑中的异面直线并制作简单的几何体，上传至学习平台并整理好课堂交流材料。

教师依据课前学生任务单完成情况，分析学情、进行课堂教学设计。课程教学实施中，积极为学生创设一个真实的、生动的、有情感交流的学习空间，去调动、唤醒学生所有利于积极思维的因素。

2. 情境生趣

首先，根据课前递交作业，优选小组分享对异面直线概念学习的理解。该小组以"重庆的黄桷湾立交桥"为例，通过"百度地图"平台，展示立交桥上下分层、多方向行驶的特点分享对异面直线概念的认识。

教师进行适当补充完善，帮助学生准确理解异面直线的概念。其次，结合专业，让学生在建筑模型中寻找异面直线，巩固异面直线概念，完成异面直线概念这一重点教学。然后，利用课前学生制作的"曲面几何体"作品，激起学生求知的好奇心。以此为切入点，激发学生探究欲望。

3. 探究激趣

（1）作品切入。以生活中的竹帘为教具，通过两端直线相对位置的改变（平面扭曲），将平行直线转化为异面直线，将平面转化为曲面，由此带出异面直线所成角。并借助动画将异面直线所成角与曲面的扭转建立对应关系。教师设问：异面直线相对位置是否也可以用角度来量化，这个角该如何找？通过采用3D画板和模型相结合完成对异面直线所成角的探究学习。

（2）三步探究。一是动手初探：通过3D画板和模型发现平移直线可以找角，完成对异面直线所成角的初步构想。二是动画再探：通过软件操作完善定义中任意一点。学生明确空间异面直线可以用角度来量化，理解异面直线所成角定义的合理性。三是动画展示：从形上再次感受概念，学生完全独立地建构起异面直线所成角的定义。

通过明确异面直线所成角的范围，突破了本堂课的重难点：异面直线所成角的定义的理解及角的寻找。

4. 应用释趣

学生获得新知后，教学固化最好方法就是"运用新知处理实际问题"。我们设置了如下两个"应用问题"。应用问题1：学习小组根据课前制作的正方体、三棱锥等几何体，列出异面直线并求其所成角；应用问题2：运用本节新知，求算旋转楼梯相邻两阶所成角。

以应用问题为载体，小组交流展示，在解决问题的过程中，学生归纳出通过平移法求角（直接平移或中位线平移）。三棱锥设置了"求角时若算到钝角，需取其补角"这一易错点。教师通过画板动态演示进行辅助教学，规范板书，规范解题步骤：一作二证三算，整个过程中渗透了空间问题平面化的思想，并解决本堂课的另一重点异面直线所成角的求法。教学任务实施怎样，有没有达到预期效果，离不开科学的评价体系，它为改进学习效果并为以后的教学设计提供了有用信息。

5. 评价固趣

评价固趣环节从课堂检测和课堂评价两方面入手。课堂检测分基础题和提升题两类，学生进入学习平台独立完成，成绩即时生成。课堂评价针对"学习过程"对学生客观认真地开展个人评价和小组评价。根据教学平台成绩分析和学生评价结果，学生及时查漏补缺，教师及时掌握课堂教学情况，把握学生的学习情况及学习过程中的能力发展，为后续教学实施提供依据。

最后，学生通过小结，对本节课所学内容系统化、条理化，进一步巩固知识，明确方法。通过交互平台呈现"异面直线构成的曲面建筑"，如广州电视塔——小蛮腰、圣玛利亚教堂，等等，展示了建筑中的数学之美，激发学生继续建筑中的数学之旅。

6. 拓展延趣

课后布置数学与专业相融合的作业。"双基"练习：学生完成书面练习，教师针对课后作业讲评。实践作业：寻找建筑中异面直线的实例并计算其夹角。课外阅读：阅读《建筑中的数学之旅》的第四章——数学的传播及在建筑中的转化，享受美好的旅程，分享阅读感悟，在学习平台跟帖分享心得。通过让学生完成作业，实现学生双基的强化、实际运用能力的提升，实现数学教学与专业教学的融合。

四、教学反思

一是信息化手段多样化。以网络教学平台为依托，借助微课、3D 画板、互联网等信息化手段，使得问题分析直观化，求解方法动态化，评价方式多元化。

二是以学生为主体。学生在小组协作、动手操作、动态演示等过程中，提升了分析能力，掌握了求解方法，培养了数学思想，强化了应用意识，体现了做中教，做中学。

三是学生后续能力提升。异面直线是学生学习空间问题的起点，概念较抽象，但位置关系在实际中的应用很广泛，因此本课引导学生逐步发现问题，解决问题，体验数学本质，关注知识生成，注重课堂教学的实效性。

附:《建筑中的数学之旅:异面直线》信息化教学设计

一、教学基本情况

授课形式:信息化教学

授课对象:建筑专业一年级

授课地点:录播教室

授课人数:16 人

课程名称:数学

授课学时:1 学时

授课时间:2018 年 5 月

教学准备:多媒体教学设备、配套信息资源、网络教学平台

二、教学设计思路

几千年来,数学一直是用于设计和建造的一个很宝贵的工具。它一直是建筑设计思想的一种来源,也是建筑师用来排除建筑上的试错技术的手段。很多建筑的设计,需要有几何计划,立体几何则是研究三维空间中物体的形状、大小和位置关系的一门数学学科,学好立体几何对建筑专业学生来讲有着举足轻重的作用;对学生的空间想象能力、推理论证能力、合情推理能力,运用图形语言进行交流的能力有着全新的要求。整个教学过程借鉴 STEAM 教学理念,通过创设真实情境,将信息技术、德育渗透融入数学教学,在教学平台和微课、数学软件等信息化手段的支持下,在"问题—探究—反思—运用"的学习循环中,循序渐进地掌握异面直线所成角的寻求,有效解决重难点。

三、教学内容分析

1. 教材分析

本课题选用的教材是马复、王巧林主编的《数学》(第二册),是江苏省职业学校文化课教材,以提高职业学校学生的全面素质、职业技能和创业能力为目标。本教材是于 2011 年秋季学期开始使用的,开发的目的是对接职业岗位实际要求,构建以学生为主体、以能力为根本、理论实践一体化、中高

职相衔接的课程教学体系。

2. 教材整合

摒弃了教材中的一般案例，结合建筑专业学生的特点，挖掘建筑中的数学。以网络学习平台为载体，借助互联网、微课、数学3D软绘画件等信息手段实施课堂教学。

3. 教学内容

空间中直线与直线的位置关系是立体几何中最基本的位置关系，是对学生原有的平面知识结构基础的拓展。它既是研究空间点、直线、平面之间各种位置关系的开始，又是学习这些位置关系的基础。通过研究异面直线所成的角，让学生在学习中认真体会把空间问题平面化的思想方法。本课题的知识起到了承上启下的作用。

四、学情分析

本课授课对象是建筑专业一年级的学生。

已有基础和能力：能掌握平面内两直线关系，有一定自主学习能力，通过课前任务学习已初步掌握了异面直线关系；具有一定动手操作能力，能制作简单几何体模型。

期盼获得能力：学生对新事物具有较强的求知欲，渴望认识、理解和掌握新知。凭自己学到的知识和技能，赢得家长、教师和同学的赞扬。

学习实际困难：空间意识较淡薄，空间问题的解决思路还没有形成；动手实践操作不多，数学在生活中实际应用问题思考不多，教学内容情感体验缺乏。

五、教学目标

1. 知识目标

（1）探究学习空间两条直线的三种位置关系，了解异面直线及其所成角的概念；

（2）掌握求作异面直线所成角的一般方法。

2. 技能目标

（1）初步感受空间问题到平面问题的化归，逐步提高自主发现问题、分析问题和解决问题的能力；

（2）在学习探究过程中，能发挥自身优势，进一步优化团队协作能力。

3. 素养目标

（1）在任务推进过程中，自然感知数学的实用价值与美学价值；

（2）逐步养成实事求是的态度以及质疑和思考的习惯。

六、重点难点

教学重点：对异面直线的概念、异面直线所成角的定义的理解及计算。

教学难点：寻找并确定异面直线所成角的过程。

七、教法学法

教法：任务设计、激疑启发、演示探究。

学法：自主独学、合作群学、平台测学。

八、教学策略

借鉴 STEAM 教学理念，引导学生在行动过程中理解、掌握知识。从布置前置性任务开始，引导学生探究空间两条直线的位置关系、寻求异面直线所成角的构成制作模型、制作演示动画等，让学生有目标、有责任地接受任务，继而通过自主探索、合作交流来解决问题，探究过程中将知识点迁移到数学中来。整个教学过程采用以学生自主探究与小组合作相结合的学习模式，充分发挥学生的主体作用，让学生的思想得到释放，积极参与学习，在和谐师生关系氛围中帮助指导学生全面、主动地发展。

九、资源开发

1. 充分利用专业课程的资源

创设具有职业教学特色的课堂情境；学生体会到有效地结合数学与专业能使他们在有效的教学时间里尽可能地获得实用的知识，在学习过程中始终保持期待和探索。

2. 开发学生的资源

学生在课前通过各种渠道（资料查阅、上网查询等）搜集一些有价值的资料进行先期学习；小组安排时，将具有不同能力的人员安排在一起，使每位小组成员发挥特长，施展才能。

3. 充分利用教师的资源

教师作为一个"牧者"，创设课堂情境，强化学生的价值体验，让学生自主有效地活动，在学习过程中始终保持期待和探索。

十、行动设计

行动设计思路如图 4-3 所示。

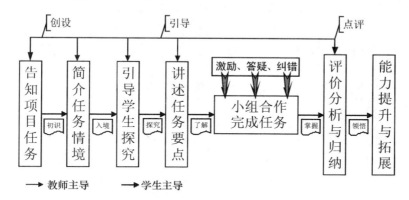

图 4-3 行动设计

十一、教学流程

教学流程如图 4-4 所示。

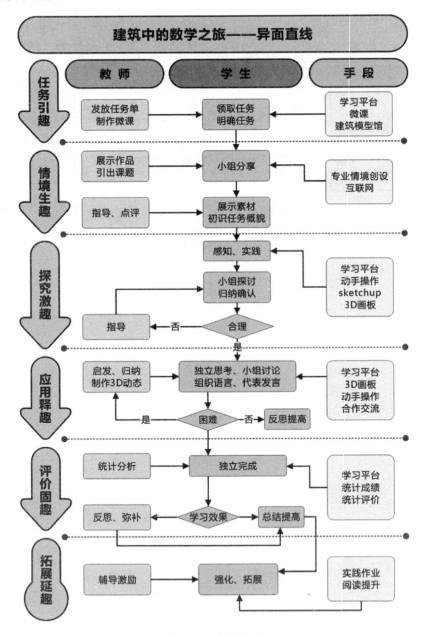

图 4-4 教学流程

十二、教学过程与方法运用

教学过程与方法如表 4 - 2 所示。

表 4 - 2　教学过程与方法

教学环节	教学过程	教师活动	学生活动	设计意图
任务引趣	【课前准备】 1. 登录平台接受任务; 2. 搜集并上传异面直线相关资料至学习平台; 3. 课前分组	精心准备 1. 学习平台发布任务; 2. 梳理教学设计细节,制作微课及相关资源; 3. 查阅学生完成情况,分析学生课前预习情况	完成任务 1. 登录学习平台接受课前学习任务单; 2. 观看微课; 3. 小组讨论、分工合作,寻找生活中的异面直线,自主学习并思考; 4. 制作体现异面直线的几何体	1. 明确课堂学习目标、过程、方法; 2. 了解学生对概念的预习情况,教师通过学生微课学习时间的长短把握学生对新知接收程度的差异性; 3. 了解学生对概念的理解程度和对空间直线位置关系判断的准确度
情境生趣	【课堂实施】 1. 优选小组分享对异面直线概念学习的理解; 2. 在建筑模型中寻找异面直线	1. 展示与分析学生课前作业; 2. 教师进行适当补充完善,总结异面直线的概念	1. 小组分享对异面直线概念的理解; 2. 学习小组在建筑模型上寻找三组以上异面直线	1. 引出异面直线的概念; 2. 检测对异面直线概念理解的判断并同时完成课前预习作业检测

续表

教学环节	教学过程	教师活动	学生活动	设计意图
探究激趣	【激疑】异面直线相对位置的不同是不是也可以用角度来量化，这个角该如何找	展示学生课前制作的几何体；提出学生疑问，以生活中竹帘为教具，引出异面直线相对位置不同的实际应用	结合动画，发现问题，思考问题	从异面直线的概念上升为寻找异面直线所成角
	【三步探究】对异面直线所成角的寻找 1.动手初探：异面直线如何构成角	1.布置阶梯性探究任务，引导学生去发现异面直线如何构成角；比一比：利用3D画板从几何体主、俯不同视角观察两条异面直线的位置关系；动一动：如何移动长方体中一对异面直线中的一条直线，刻画这对异面直线所成角；想一想：长方体中异面直线所成角如何刻画；2.巡查四个小组并解惑	1.小组合作尝试完成动手实践三部曲；2.尝试寻找构成角的关键所在	通过动手实践三部曲尝试寻找构成角的关键所在，初步产生异面直线所成角的想法
	2.动画再探：P点位置不同，生成角的大小是否相等	抛出问题，引导学生完善概念的形成	动手操作动态图形，小组交流整合语言，做简要分析	完善概念的形成
	3.动画展示：异面直线所成角及角的范围	异面直线所成角的动画演示	观察动画演示，小组合作交流，归纳异面直线所成角的概念	完成异面直线所成角的概念的形成

教学环节	教学过程	教师活动	学生活动	设计意图
应用释趣	【知识巩固】	1. 教师投影例题，结合课前制作的正方体、三棱锥等几何体，画出轴测图，列出异面直线并求其所成角； 2. 巡视，点拨并补充提示，答疑，针对三棱锥中异面直线所成角的寻找及角的范围这一障碍点加以点拨； 3. 引导归纳求异面直线所成角的解题步骤：一作二证三计算	结合软件演示，小组讨论，组织语言，小组代表发言，尝试归纳求异面直线所成角的解题步骤	1. 从模型中到轴测图中找角，提升了学生空间想象能力，从解题的思考中达到空间问题平面化的突破； 2. 小组协作，进一步优化团队写作能力
	【知识应用】	教师设置建筑中相关问题：中柱旋转楼梯阶梯中，沿着主轴且相邻的两条异面直线所成的角度是多少 	小组合作讨论，交流展示	建筑中找角，进一步了解异面直线所成角在实际生活中的应用

续表

教学环节	教学过程	教师活动	学生活动	设计意图
评价固趣	【课堂检测】 1. 基础题; 2. 提升题	1. 测试、统计个人答题成绩,对正确的同学给予鼓励; 2. 多角度答题分析:个人、小组、小题等	1. 登录学习平台独立完成检测; 2. 突破障碍点	1. 以学习平台为载体,多角度及时统计检测结果; 2. 把握学生课堂掌握度,及时了解并解决学生学习的障碍点
	【课堂评价】结合本堂课的表现,小组、学生互评	倾听学生评价,适当予以鼓励	评价其他同学、其他小组的分析结果,感悟自己的得与失	学生进行自我反思,教师实时优化教学策略
拓展延趣	【课后提升】 1. 双基练习; 2. 实践作业; 3. 课外阅读	1. 布置任务,明确要求: (1) 书面作业; (2) 寻找建筑中异面直线的实例并计算其夹角; (3) 阅读《建筑中的数学之旅》中数学的传播及在建筑中的转化,在学习平台中分享阅读感悟; 2. 课后针对性讲评,个别辅导及群体讲解	1. 巩固课堂内容; 2. 结合自身专业,为自身的发展做好铺垫	1. 实现学生双基的强化、实际运用能力的提升; 2. 实现数学教学与专业教学的融合

十三、教学反思

当数学邂逅建筑,抽象的数学与现实的建筑会融合在一起,相互渗透,建筑中的数学美让数学之光绽放,数学之美也在建筑中展现得淋漓尽致!所以我结合了 STEAM 教学理念,设计本堂课,将数学与建筑进行碰撞。通过创设真实情境，将信息技术、德育渗透融入数学教学，在教学平台和微课、数学软件等信息化手段的支持下，设置阶梯型任务，在"问题—探究—反思—运用"的学习循环中，循序渐进地掌握异面直线所成角的寻求与运用。

1. STEAM 教学理念：让教学向学生的心灵打开

共同欣赏并寻找建筑中的数学美，了解数学在建筑中的用途，创设问题情境，以"异面直线相对位置能否用角度来量化"为任务进行分析讨论，贴近生活实际，将数学、建筑和艺术有机地交叉融合，使学生在实践体验中学习应用多学科知识应对现实问题。充分利用玲珑 3D 画板和动手操作，将问题转化为模型，并通过进一步制作实物来提升学生在直观想象能力方面的核心素养。采用"兴趣分组"，让学生明白团队协作是工作岗位必需能力之一。

2. 认知阶梯：让教学将学生的思维激发

亚里士多德提出："思维从问题、惊讶开始。"发现问题往往是创新思维的先导，项目的设计从课前设置引导学生发现问题开始，引起学生产生解决问题的动机，我们沿着"引—生—激—释—固—延（趣）"这一流程设计本堂课：从布置前置性任务开始，引导学生探究空间两条直线的位置关系、寻求异面直线所成角的构成制作模型、设置游戏、制作演示动画等，让学生有目标、有责任地接受任务，继而通过自主探索、合作交流来解决问题，在探究过程中将知识点迁移到数学中来。通过一步步的设置探究问题，把课堂教学变成一种向知识奥秘探索的活动，甚至是神秘的探究活动，并且创造条件让学生之间、小组之间进行竞争，让每一位学生始终兴致盎然，乐于思考，乐于学习；在课堂评价这一环节，我们适时使用"激励"和"评价"这两个功能进一步激发学生的学习兴趣，让他们真正体验到成功后的快乐，获得精神上的满足，带着高昂的兴趣继续他们的探究之路。在课堂教学中，从创设专业相关情境，直至课后延展，将每一个任务融合到不同的环节中，学生从感性到理性，持续不断地激发思维，完成发现问题、提出问题、解决问题的过程。

数学教学，是学生在学习数学的过程中体验到学习乐趣的教学，STEAM 教育更好地让学生将各科知识融会贯通，提高学习效果和质量，并且使学生学会尊重、学会做事、学会合作与交流，让学生更容易接触社会、了解社会。我们会在 STEAM 课程的探索之路上坚持走下去……

（本项目为 2017 年南通市职业学校教学大赛一等奖作品，参赛队员为宋雅玲、施黎华、施向华，指导教师为杨一丹）

案例3 英语——云端上的童话英语王国

"幼儿英语故事教学活动"信息化教学设计说明

童话是人性的本真体现，带给幼儿梦想和诗意。教育国际化的现实需求，让幼儿英语教学成为学前教育的热点。如何既满足时代发展的现实需求，又呵护幼儿梦想的成长，已成为培养学前教育新型专业人才的时代命题。"互联网＋教育"在梦想和现实之间架起一座云端上的天桥，给我们带来"童话云课堂"的教学新愿景。本案例将从"人、物、脉、事、境"五个方面说说"童话云课堂"里的那些事儿。

一、人（学生、教师）

当童话云飘过，首先悄然变化的是课堂的主体——"人"。学生不再是被动等待教师填食的"鸭宝宝"，而是一群主动觅食的"小蜜蜂"，她们以学生和未来幼师的双重身份，扮演着童话王国里的导演、编剧、演员，牵着童话在数字化世界里徜徉。教师则放下了课堂主宰者的权杖，借助信息化的神奇魔力，点燃学生的童话梦想，师生形成发展共同体，真正实现教学相长。

二、物（工具、环境）

当童话云飘过，课堂里的"物"也神奇变身。我们改变了黑板上种庄稼的传统，综合运用教学平台、学习软件、移动终端，打碎理实界限，对教材进行破立重构。传统教学环境下，课堂是禁锢在教室里的一方信息孤岛，童话王国只能在梦想中萌芽；由于教学见习时间有限，学生无法经常去观摩基地幼儿园原汁原味的日常教学活动，而童话云课堂解决了"闭门修炼"的困境。我们自主设计开发了"童话英语"App，扫描二维码即可下载"U-learning"，让学习无处不在，App直观丰富的学习板块能满足学生随时、随地、随需的碎片化学习需求。教师通过后台系统，精确定位并动态管理学习过程。我们坚信教育的最佳方式是有体温的面对面方式，所以通过远程会议系统和基地幼儿园进行教学实时交互，创设了"拆掉围墙的智慧教室"数字化环境，学校课堂与幼儿课堂无缝对接，真实课堂与童话课堂完美交融。

三、脉（结构、逻辑）

当童话云飘过，课堂的"脉"更为清晰。我们根据课程标准与岗位需求确定本课的三维教学目标；根据学生认知规律和现有基础确定本课的教学重点和难点；我们打破传统课堂的结构，以童话剧场进行布局，以童话剧本为教学蓝图，在教师引领下，学生自主完成整个教学活动的设计和组织。真实课堂六步骤与童话课堂六环节环环紧扣，水乳交融。

四、事（过程、活动）

当童话云飘过，课堂的教学活动更加精彩纷呈。

1. 品味"备"之精细：以最纯净的心，期待一场美丽的童话雨

课前通过 App 对附属幼儿园教师和本班学生进行岗位需求问卷调查，了解职业需求和学生能力现状的差距，明晰最近发展区，确定发展基点。透视反木桶理论中的长板效应，关注学生积极心理，鼓励特长发展，在活动设计时与专业技能相结合，形成"跳、画、唱、演、制"五个小组，以特色童话彰显个性。学生根据 App 发布的任务单，完成前置学习，确定童话主题，收集素材，制作 PPT、教具，利用"英语流利说"软件熟练掌握童话文本，自拍试讲故事视频并上传。作为未来的幼师，课前的深度学习过程也是精心备课的过程，学习效果在翻转课堂理念下产生叠加效应。

2. 捕捉"探"之火花：牵着你的手，让我带你去童话里散步

播放有代表性的学生试讲故事视频，根据教学安排现场连线基地幼儿园见习班级，观摩基地老师是怎样组织英语故事教学活动的，寻找两者区别。学生通过比较探索新知，碰撞批判性思维，引发思考：如何讲英语故事才能吸引幼儿注意？以此为切入点展开对幼儿语言学习心理的讨论。视频交互实现了资源的可视化价值，使传统课堂难以实现的现场教学场景触手可及。

3. 分享"编"之乐趣：张开你的双臂，拥抱美丽的童话精灵

绘本是幼儿喜闻乐见的童话载体，应用教师团队开发的童话英语学习软件，学生以 CSCL 形式进行剧组式团队分工，以编剧本、制绘本、配音秀三步走的方式直击教学难点。登录教学平台，进入"我的课程"，打开童话英语学习软件，点击节目单，选择本组喜欢的童话故事；进入"编剧本"，选择英语台词，编写童话剧情；进入"制绘本"，根据剧情选择场景、人物、道具，生成情节起伏的童话绘本；最后进入"配音秀"，进行童话英语配音练习。创意无限的学习软件激发了学生的创新基因，帮助学生学语言、学讲解、学制作。所学即所得，作品即成效，教学过程和岗位需求有效对接，用充满趣味的方式破解了教学难点。

4. 欣赏"演"之精彩：旋起你的裙裾，在童话里翩翩起舞

5 个小组运用自编剧本，整合课前素材，以唱、跳、画等方式呈现作品，作品"竞相争艳"，课堂"意味深长"。例如，Snow white 小组用"跳"来诠释白雪公主的善良，用英语闯关游戏激发幼儿的学习兴趣；Greedy monkey 小组用"画"让幼儿熟悉贪吃猴喜欢的水果，用动画连连看巩固水果词汇，渗透"玩中学""自然习得"的幼儿语言教育理念。在"童话云课堂"中，学生不再满足于教材知识，他们借助信息技术，自动、自觉、自发地去寻找源头活水，在体验活动中，在剧组合作中，一朵云推动另一朵云，一棵树摇动另一棵树，每个学生都有出彩的机会，用快乐的方式破解了教学难点。

5. 体会"评"之多彩：最美的鲜花，送给童话里最美的天使

在远程视频中，基地幼儿园的孩子们正睁大好奇的眼睛，观看我们的童话展演秀。评价环节最有发言权的是讲故事的对象——幼儿。他们高高举起小手，为自己最喜欢的童话故事投票；我们把基地老师也请入课堂，对各组表现麻辣点评。各组将拍摄的作品上传至 App，让大众来点赞评议。最后师生根据"童话云课堂"目标评价六维度，完成网络自评、互评，评选童话"奥斯卡"最佳作品奖、最佳演员奖，检测目标达成情况，互动总结得失，为本课画龙点睛，为成长积蓄力量。

6. 感悟"拓"之余韵：撒下童话的种子，一起去播种真善美

课后，各组完成 App 测试题，根据评价意见修改完善展演作品，参加学校课本剧大赛，在全校师生面前展示学前教育人的风采。作品《狐假虎威》在大赛中获特等奖。

五、境（意境、情境）

当童话云飘过，课堂被赋予更深远的意境。信息技术从此不再仅是辅助学习的工具、点缀课堂的小花，而是一个打破时空局限、海纳百川的精彩世界；在这里，教学情境和职业情境对接，学生主动赢得未来，实现了"教是为了不教"的境界；不忘初心，方得始终。初心是什么？初心是童话里温暖的付出和馈赠。快乐的"童话云课堂"是教师的馈赠，而学生也回馈教师，同时献给幼儿一个更精彩的童话世界。

这，就是教育薪火相传的力量！

附：云端上的童话英语王国
——《幼儿英语故事教学活动》信息化教学设计

一、设计摘要

授课内容：幼儿英语故事教学活动（选自第四章"幼儿英语教学活动的设计和组织"）

所选教材：教育部"十二五"职业教育国家规划教材《幼儿英语教育活动指导》（第二版）（复旦大学出版社出版）

授课对象：中职学前教育专业二年级学生

课时安排：2课时（相连）

二、设计背景分析

1. "童话英语王国"的构建是本项目的着力点

童话是人性的本真体现，带给幼儿梦想和诗意。而"教育国际化、共享地球村"的现实需求，让幼儿英语教学成为学前教育的热点。如何既满足时代发展的现实需求，又呵护幼儿梦想的成长，已成为我们培养学前教育专业新型人才的时代命题。而"互联网＋教育"在梦想和现实之间架起一座奇幻的天桥，师生共建共享"云端上的童话英语王国"，希望带给幼儿这个世界上最美好的东西。

2. 移动的"童话云课堂"是本项目的主线

在传统的教学模式下，课堂是禁锢在教室里的一方信息孤岛，而信息技术为学前教育活动课的开展创造了一个便捷、低耗的数字化环境。学生生活在可视的、交互式的网络世界中，可以无师自通地玩转网络，甚至在网络上过第二人生，为什么我们的教学不能根植于云端，汲取云朵里的养分呢？当各类优质教学资源触手可及，学生熟谙信息技术，手机、计算机的广泛使用让我们在资源的获取、消息的交流、技术的支撑、作品的建设上均有前所未有的优势，教师完全可以放开手脚，大胆地对课堂教学进行创新和探索。

3. 活动课程如何与专业技能提升深度融合是本项目的创新点

基于杜威的"活动课程"理论，关注学生的心理发展规律，把教学从"教"的外在中心转移到"学"的内在中心上来，通过"做中学"，学生在体验活动中、在剧组式合作中积淀专业能力，在"职味课堂"上展开高效的职业思维碰撞，提升学习能力和教学能力。教育必须面对未来，职业教育更需要服务学生未来的职场需求，通过学习方式的改变，学生获取"主动赢得未来"的能力。

三、资源分析

1. 数字化环境

教师团队自主设计开发了"童话英语"手机 App，基于"U‒learning，让学习无处不在"的泛在学习理念，将文本资料、图片、课堂动态生成资源、课外拓展素材等多种资源整合成童话素材、剧本荟萃、排练花絮、精彩展演等板块，学生可以随时、随地、随需地进行碎片化学习；同时与基地幼儿园进行教学现场实时交互，创设"拆掉围墙的智慧教室"教学环境。一是实现真实教学场景的可视化价值，增强学生的学习兴趣和动力；二是丰富学习资源，可设计各类学习活动；三是利用便捷的交互工具，第一时间获得反馈信息，调整教学进度和内容。

结合专业特点，"童话英语"App 成为师生共建共享的教学资源库，学生依托信息化教学环境，自主选择学习内容。同时，资源的整合包括两大方面。一方面是来自学校已经自成体系的校本资源，如泛雅平台上日益丰满的童话英语课程；另一方面是来自学生亲身体验的专业资源，依据教学实际需求，与教学内容有机结合，互为映衬。

学习环境：智慧教室（互联网、校园网、远程会议系统、移动终端）。

学习资源：学习平台（"童话英语"学习软件、学习资源包）、"童话英语"App、教材、网络资源等。

2. 教材分析

教学内容选自教育部"十二五"职业教育国家规划教材《幼儿英语教育活动指导》。作为学前教育的专业选修课程，其顺应教育国际化的现实需求，和岗位需求紧密结合。教材编排遵循循序渐进的学习规律，分为 7 个章节，前面 3 个章节注重理论知识的学习和积累，后面 4 个章节注重专业技能的形成和提升。本课是第四章"设计和组织"的第三节"幼儿英语故事教学活动"。由于教材理论单元和活动单元分开编排，在趣味性、实用性方面和学生需求有差距，因此根据教学需求，融合教学平台、学习软件、移动终端，大胆取舍，将数字化资源巧妙融入教材，对教材进行破立、融合、重构，构建童话英语王国的虚拟教学情境。教学时长为 2 个课时。

3. 学情分析

（1）心理分析：教学对象为学前教育专业中职二年级学生，作为未来的幼儿教师，他们喜欢充满童趣、彰显真善美的童话英语课堂，他们是童话英语王国的导演、编剧、演员、美工……喜欢"沉浸在孩子们的童话世界里，牵着孩子们散步"。

（2）特质分析：和普通的中职生不同，他们在课堂上扮演着学生和未来幼师的双重角色，需要提升学习和教学的双重能力。根据多元智能理论，鼓励学生发展优势智能，在活动设计时与专业技能相结合，形成"跳、画、唱、演、制"5 个小组，透视"反木桶"理论中的"长板"，关注学生积极心理，以特色化童话剧本彰显个性。

（3）需求分析。

①已知：通过一年的基础英语课和专业课学习，学生已经具备了一定的"讲、写、画、弹、跳、唱"的专业基本功，能讲简单的英语故事。在本课之前，已经完成对童话故事语言文本的阅读练习和词汇、句型的学习，掌握了讲童话故事的基本词汇和句型。

②未知：她们渴望学习如何科学有序地组织幼儿英语故事教学活动，希望自己编、讲、演的英语故事得到幼儿的认可和喜欢。

③发展空间：不仅具备艺术素质的职业能力、组织教育活动的职业能力，更具备现代教育与信息教育素养方面的职业能力。

四、教学策略

设计思路："互联网＋教育"虽然改变了课堂的教学模式以及师生在教育活动中的参与方式，但"以生为本"的核心没有变，所有教育的出发点和归宿，都是为了学生的生命发展。

教法：基于教学现状，将"翻转课堂"进行本土化变革，采用体验式教学法进行情境教学，教师实现"三度"——投入互动广度，释疑解惑深度和赏识激励适度；在"focus"五原则（F—Find great sites，找出精彩的相关网站；O—Orchestrate your learners and resources，有效组织学习者和学习资源；C—Challenge your learners to join in，学生积极参与挑战；U—Use the medium，选用适当的学习媒体；S—Scaffold high expectations，为高水平学习期望搭建脚手架）引领下，综合应用任务驱动法、比较教学法等教学方法引导学生的童话王国之旅，培养学生自主学习、合作探究的能力。

学法：基于学生"Tell me, I just forget; Show me, I only remember; Involve me, I will learn"的学习心理体验，在学法上采用自主探究、团队学习、体验式学习、U-learning 等。学生组成剧组式学习团队，在"童话剧本"的引领下，对学习过程中的疑难问题进行协作探究，充分体现了信息化环境下 Wiki 群体协作的精髓——开放、合作、平等、共创、共享。

学习生态：由于信息技术的加入，学生的学习呈现出新的生态。一是从"被动"走向"主动"：学习平台、电子教材、网络资源等使学生掌握了学习主动权，看什么，何时看，何时停，都可根据自己的情况灵活调配，从而真正实现"按照自己的节奏和步骤学习"，从"学会"走向了"会学"。二是从"面对面"变为"肩并肩"：学生不必面临教师在"一旁挑错"的情境压力，在学习软件的帮助下，学习更为自在和自由，教师和学生的关系也不知不觉从"面对面"的训导变为"肩并肩"的奋斗，真正实现了能力的提升、潜能的挖掘。

4. 活动设计

学习情境设计：

师生共建共享"童话英语"App，创设虚实结合的"童话云课堂"；

根据"U-learning，让学习无处不在"的理念，学生通过学习平台、"童话英语"手机 App、学习软件等随时随地进行碎片化学习，将课堂无限延伸；

通过远程会议系统突破时空的局限，实现学校课堂与幼儿课堂交互、真实课堂与童话课堂交融的愿景；

各学习环节创设不同的童话情境，启发学生选择性学习、个性化发展。

自主学习设计：

结合"童话英语"App 学习任务单的前置资源包，课前自主完成"知识传授"过程；

利用数字化资源在课前进行自主学习，利用"英语流利说"软件复习童话文本，完成课堂活动的语言储备。

合作探究设计：

小组合作完成试讲视频的录制；

团队合作完成童话故事教学设计与组织活动；

CSCL 合作探究完成童话素材的收集，教具、PPT 的制作，童话剧本的编演，学习资源库的构建。

五、项目成果预设

1. 多彩课堂

在这个被称为课堂的地方，信息化技术不仅是辅助学习的工具、点缀课堂的小花，更是一个海纳百川的数字化学习环境，师生共建、共享、共同成长，课堂教学和专业发展已然融为一体。"童话英语课堂"的构建，让学生由被动的"信息接收器"变为主动的"童话设计者"，由亦步亦趋的"课堂执行者"变为有思想的"童话演绎者"。通过各种信息技术的综合运用，知识的传输真实生动，教学活动打破了时空的局限，不再拘泥于教室这一方小天地，而是赋予了课堂更博大的概念，人人在课堂里感到安全和愉悦，都能实现自己的多彩梦想。

2. 多维成长

面对着有丰富多彩生命内涵的学生，只有回归到生命，教育才能实现真正意义的回归。"童话云课堂"是师生共同的家园，在这里，学生拥有学习主动权，拥有自我管理、自我成长的机会，他们在自主学习、协作探究中自己长大。通过体验式学习，培养学生协作探究的能力，学生在做中学，教师在做中教，学生学会学习、学会协作、勇于创新、多维成长。在"童话云课堂"中，学生不再满足于教材知识，他们自动、自觉、自发地去寻找"源头活水"，在体验学习中，在剧组合作中，每个学生都有出彩的机会。与此同时，学生对信息化技术的娴熟运用，对教师的专业成长也形成正向的推动作用，教师走下"圣坛"，虚心向学生请教，成为教学过程中并肩奋斗的战友，一朵云推动另一朵云，一棵树摇动另一棵树，真正实现教学相长。

3. 多元评价

学生的成长是一个多向丰盈的过程。不拔苗助长，不生填硬塞，对学生的评价也从平面走向立体、从单一走向多元，力图体现信息化教学"生本"的出发点和归宿。一是以学生发展为本；二是比结论更重要的是过程；三是把思考还给学生；四是实行人的教育。因而，在信息技术支持下，幼儿投票与网络评议相结合，学生自评与同伴互评、教师评价相结合，激励学生对更远的目标产生前行的欲望。量化评价和质性评价相结合，让学生创造力获得最大限度的表现，实现评价不但从外在激活人、塑造人，还要努力从内在唤醒人、生成人的功能。

六、教学结构

1. 教学目标

知识、能力、情感三维目标：

（1）能根据幼儿语言习得规律，利用学习软件创新性地将童话文本编排成绘本故事；

（2）能根据幼儿认知规律设计和组织英语故事教学活动；

（3）能将真善美的价值取向渗透到英语故事教学活动的各个环节。

2. 教学重点及难点

教学重点：能根据幼儿认知规律科学设计和组织英语故事教学活动。

教学难点：

（1）利用学习软件创新性地将童话文本编排成绘本故事；

（2）能将"讲、写、画、弹、跳、唱"的专业技能整合到故事展演的各环节。

3. 教学流程

教学汉程如图 4 - 5 所示。

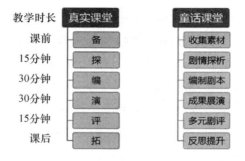

教学时长	真实课堂	童话课堂
课前	备	收集素材
15分钟	探	剧情探析
30分钟	编	编制剧本
30分钟	演	成果展演
15分钟	评	多元剧评
课后	拓	反思提升

图 4 - 5　教学流程

七、学习前置资源包

学习任务单：本课教学目标、教学重点和难点、教学流程、学习任务。

拓展资料：童话剧本。

针对附属幼儿园及本班学生对幼儿故事教学活动设计与组织所需职业能力的问卷调查。

八、教学过程

教学过程如表4-3所示。

表4-3 教学过程

教学流程	知识负载	知识探究 师生互动	设计意图 媒体资源	职业岗位 观测点
备	以最纯净的心，期待一场美丽的童话雨。 Expect the sweetest dreams in the fairy tales with the purest hearts. 课前自主学习、CSCL合作探究明晰任务：教学目标、重点难点、教学流程、童话素材、制作PPT、设计教具、童话剧本	1. 对附属幼儿园教师和本班学生进行岗位需求问卷调查，进行结果分析； 2. 根据"反木桶理论"中的"长板"效应，活动设计时与专业技能相结合，形成"跳、画、唱、演、制"5个小组； 3. 根据App任务单完成前置学习，确定童话主题，收集素材，制作PPT、教具等，利用英语流利说软件熟练掌握童话文本，自拍"试讲故事"视频上传至App	【设计意图】 1. 了解学生的能力现状，找到最近发展区，确定发展基点和发展空间，由此确定教学重难点； 2. 有利于形成各组的个性化"童话剧本"，鼓励学生个性发展； 3. 体现翻转课堂特点：教学信息明确。学生带着课前自主学习中的问题进入课堂，教学更有针对性。培养学生利用信息资源进行自我学习的能力。 【媒体资源】 以"童话英语"学习平台、童话素材收集，自拍视频激发学生学习兴趣	App的师生共建共享、资源整合能力的培养、未来幼师课前深度学习过程也是精心备课过程

教学流程	知识负载	知识探究 师生互动	设计意图 媒体资源	职业岗位 观测点
探 （15分钟）	牵着你的小手，让我带你去童话里散步。 Join me to walk in the fairy tales hand in hand. 时空交互：如何在讲故事活动中吸引幼儿的注意力？	1. 播放有代表性的课前试讲故事视频，现场连线基地幼儿园见习班级，观摩教师的英语故事教学活动，比较其区别； 2. 发展评判性思维：为何学生的试讲视频平铺直叙，无法引起幼儿的注意，而基地幼儿园老师的讲述活泼生动； 3. 探索求新知，展开对幼儿语言学习心理的讨论	【设计意图】 比较教学让学生带着兴趣和自省进入学习，发展评判性思维； 【媒体资源】 通过视频交互实现资源的可视化价值，传统课堂难以实现的现场教学场景触手可及	善于探索性学习、自主学习契合职场需求
编 （30分钟）	张开你的双臂，拥抱美丽的童话精灵。 Stretch your arms to hug the angels in the fairy tales. 借助童话英语学习软件，创编童话绘本故事	学生以 CSCL 形式进行剧组式团队分工（编剧、导演、配音、美工）。 1. 编剧本：选择英语台词，编写童话剧情； 2. 制绘本：根据剧情选择场景、人物、道具，生成情节起伏的童话绘本； 3. 配音秀：童话英语配音练习	【设计意图】 激发学生创新"基因"，帮助学生学语言、学讲解、学制作，所学即所得，作品即成效； 【媒体资源】 学习软件的应用让英语听说不再是学生畏惧的"噩梦"。学生掌控学习自主权，学习从被动走向主动	教学过程和岗位需求有效对接

教学流程	知识负载	知识探究 师生互动	设计意图 媒体资源	职业岗位 观测点
演 (30分钟)	旋起你的裙裾,在童话里翩翩起舞。 Dance in the fairy tales with your skirts whirling. Snow white 等 5 个童话故事教学活动的设计和组织	1. Snow white 小组用"跳"诠释白雪公主的善良,闯关游戏提高幼儿的英语素养; 2. The tiger and the fox 小组用微课激趣,"演"出狐假虎威的精彩; 3. Greedy monkey 小组用"画"让幼儿熟悉贪吃猴喜欢的水果,用动画连连看巩固词汇; 4. Teddy bear 小组用微视频导入,"唱"出泰迪熊的快乐; 5. The turnip 小组用"制"引人入胜,Prezi 背景及教具是亮点	【设计意图】 5 个小组通过自主选择的信息化手段,运用自编剧本,整合课前素材,各展所长,以唱、跳、演、画等方式呈现作品,突破真实课堂和童话课堂的教学难点,每一个学生都有出彩的机会; 【媒体资源】 闯关游戏、微课视频、动画连连看、微视频、Prezi 软件的合理运用使作品"竞相争艳",让课堂"意味深长",呈现勃勃生机	教学活动设计与"讲、写、画、弹、跳、唱"等专业能力发展相结合; 团队协作能力的培养符合职业需求
评 (10分钟)	最美的鲜花,送给童话里最美的天使。 Send the most beautiful flowers to the most beautiful angels. 多元评价,激励成长	1. 视频交互,幼儿评价; 2. 基地老师点评; 3. 5 个作品上传 App,大众点赞、跟帖热议优缺点; 4. 师生童话"奥斯卡"评选最佳作品、演员,总结本课得失	【设计意图】 体现信息化教学"生本"的出发点和归宿; 【媒体资源】 在信息技术支持下,幼儿投票与网络评议相结合,学生自评与同伴互评、教师评价相结合,激励学生努力前行	教学评价对学生和幼师双重角色都有促进作用

续表

教学流程	知识负载	知识探究 师生互动	设计意图 媒体资源	职业岗位 观测点
拓	撒下童话的种子，我们一起去播种真善美。 Spread the seeds and sow the true, the good and the beautiful. 测试巩固、拓展延伸	1. 课后，各组完成App测试； 2. 根据多元评价修改完善作品，参加学校课本剧大赛； 3. 教师对学生的参与度、发帖内容、语言应用情况进行跟踪监督，提出建议	【设计意图】 在全校师生面前展示学前教育人风采，借助平台互动交流、在线答疑，学生学习突破教学时空局限，教师可实时掌握学生的学习情况； 【媒体资源】 App测试、论坛及时巩固学习效果，体现"课堂绩效"理念。同时提升学生利用信息化环境增强自我学习能力	勇于表达自己的观点是职场成功的需求；编、演童话与专业技能紧密结合

九、学习后置检测包

总结巩固单：学莫贵于自得。请你总结本课的收获和遗憾，在多元剧评区发表评论。

自主学习单：至"学习任务"板块领取下一课的前置资源包进行自主学习，团队合作完成一个幼儿游戏活动设计。

解惑直通道：进入"讨论区"和教师进行在线交流释疑。

十、学习评价设计

学习评价目标如图4-6所示。

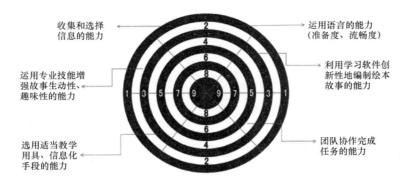

图 4 - 6　童话云课堂目标评价六维度

剧组档案如表 4 - 4 所示。

表 4 - 4　童话英语王国剧组档案

剧组	姓名	角色		年　　月　　日

自我评价	
观察点	得分
收集和选择信息的能力	
运用语言的能力（准确度、流畅度）	
运用专业技能增强故事生动性、趣味性的能力	
利用学习软件创新性地编制绘本故事的能力	
选用适当教学用具、信息化手段的能力	
团队协作完成任务的能力	

同伴评价	
收集和选择信息的能力	
运用语言的能力（准确度、流畅度）	
运用专业技能增强故事生动性、趣味性的能力	

同伴评价	
观察点	得分
利用学习软件创新性地编制绘本故事的能力	
选用适当教学用具、信息化手段的能力	
团队协作完成任务的能力	

续表

幼师评价	
可接受度评价（内容、表演形式）	
可行性评价（信息化手段、教具、组织形式）	
岗位胜任力评价（感染力、表现力、语言组织）	
幼儿评价	
获得投票	
教师总评	
知识与技能、过程与方法、情感态度价值观	

十一、反思审视

1. 收获

第一，数字化教学环境赋予课堂更深远的意境，媒体化、网络化、数字化、专业化的手段有效地突破教学重难点，让信息技术不再仅是辅助学习的工具、点缀课堂的小花，而是一个海纳百川的精彩世界；童话云课堂打破了时空局限，学校课堂与幼儿课堂交互，真实课堂与童话课堂交融，师生的教与学从此不再拘泥于教室这一方狭小天地。

第二，在"童话云课堂"中，师生形成"发展共同体"，共建共享"童话英语" App，利用情景化主题教学，教学目标体现多元性、教学内容体现开放性、教学评价体现激励性，将课堂教学与专业提升有效结合，实现了云课堂的数字化生存，顺应了"互联网＋教育"的发展趋势。

第三，PPT、Prezi 制作、学习软件的使用、视频音频录制等让学生获得主动赢得未来的能力，专业特长有了用武之地。在知识传递、吸收内化、输出展示的过程中，学生的表达能力、交际能力、团队意识、信息化素养、职业能力都有了不同程度的提升。

2. 审视

童话英语学习软件的童话资源还不够丰富，希望能在日后的童话云课堂中积累更多的童话资源，充实学习软件，向兄弟院校学前教育专业和幼儿园幼儿英语故事教学活动推广。

3. 对策

第一，当我们无法改变外部条件的时候，就努力改变自己。"问计"于网络，收集信息资源；"问计"于同行，汇聚团队智慧；"问计"于学生，师生集思广益共同破解技术难题，真正实现"教学相长"。

第二，利用网络与学生保持互动，深入他们的学习空间，探寻他们的所思所想，经常给予激励性评价，长期坚持，必有奇效。一堂课的精彩，其实不在于呈现教者的精彩，更在于呈现学生的精彩。新教育的理念是："只要行动，就有收获，只要坚持，就有奇迹。"我们坚信，只要努力，"数字改变职教"的梦想就如同我们的"童话云课堂"一样，触手可及。

（本项目为 2015 年江苏省职业学校教学大赛一等奖作品，参赛团队成员为杨一丹、黄菊华、张海建）

案例4 计算机应用基础——创意枕中画

《创意枕中画》信息化教学设计说明

优秀的设计作品，是让人感受到幸福的设计作品，是简单快乐的传递，也是个性化的张扬，如何让好的设计作品直面企业的真实需求，获得产学研相结合的多赢途径，是我们中职师生共同努力的方向。本项目主题是"创意枕中画"，笔者从以下 4 个方面对本课的教学设计进行说明。

一、教学分析

教学内容选自中职规划教材《Photoshop CS6》，根据课程目标和职业需求，再对教学内容与工作室的校企合作项目进行整合优化后，将教材第五章第二节钢笔路径工具作为本课教学内容的第一个部分，将制作原创抱枕图案"创意枕中画"作为第二个部分，教学时长为 2 课时。

计算机平面设计专业一年级的学生喜欢绘画涂鸦，经过美术课的学习，有了一定的绘画基础和色彩搭配能力，掌握了设计软件的基本操作，但知识技能的"再创造"能力以及审美评价能力还需加强提高。

根据课程标准，结合学生特点，确立了本课三维一体的教学目标。其中钢笔路径工具的使用与应用是教学重点，原创图案的设计与制作是教学难点。

二、教学策略

"让学习真正发生"是生本视野下全新的教育理念，也是我们教学策略的重要方向。本课分为课前自学、课上导学、课后拓展 3 个阶段。为了更好地突出重点突破难点，我们利用了云班课、原创微课、钢笔工具游戏、交互式多媒体风格库、"SketchBook"App 等信息化手段。在岗位情境、项目引领、游戏化教学等方式下，掌控课堂的节奏与力度。让学生通过小组合作、自主探究、游戏竞赛、实践创作、任务评价等学法，在校企合作的真实任务下，循序渐进地掌握知识，锻炼技能。

三、教学过程

教学过程切合中职的独特教育生态，关注学生成长发展的需求，5 个教学环节，环环相扣，步步推进。

环节一：课前准备，初探新知

课前，蒲公英工作室中的 20 位成员对自己感兴趣的创作风格进行投票，根据投票结果以及"组内异质组间同质"原则合理构建中国风、卡通派、北欧风、抽象派四个学习小组，每组创设组长、策划、创意、技术、推广 5 个岗位。

企业负责人与学生连线，面对面地提出本次合作项目的设计要求，让学生带着成为一名优秀设计师的信心，尽快进入岗位角色。

学生登录云班课，研读导学案并学习微课，在主题式"一对一"的学习小环境中初步了解锚点、片段、方向线等概念后，跃跃欲试，尝试操作微课中的实例。

环节二：游戏竞赛，解决重点

喜欢游戏是孩子的天性，钢笔工具游戏，不仅可以把学生的注意力直接吸引到活动中来，更为重要的是它以直观清晰的方式展示出锚点方向线对曲线绘制的影响。课上，打开游戏熟悉规则后，学生进行小组合作，开始游戏竞赛，而充满趣味性的 10 个闯关游戏由易到难，小组成员思考探究，互帮互助地完成，活跃的竞赛气氛激发了学生的竞争意识，提高了自主探究的学习效率，实现了合作学习与独立思考的有效融合。

游戏期间，根据统计闯关完成所用的锚点数量和时间长短，来评判小组的名次，锚点最少用时最短的小组胜出，优胜小组的技术人员在电子大屏上分享操作步骤，让学生把知识教给学生。在广阔的思考空间里，学生们带着兴趣自己去发现理解其中的关键技巧，这种发现理解最深刻也最容易掌握其中的规律。

竞赛结束后，学生分析发言，教师归纳总结，及时引导学生梳理知识点。

游戏竞赛的环节高效地解决了教学重点，激发了学生的学习兴趣，打破了中职生学习易产生倦怠感的教学困境。

环节三：课堂测试，考核反馈

在解决了重点知识之后，趁热打铁，进行理论测试和技能考核，教师了解学生的理解情况和操作能力，及时反馈游戏竞赛环节的实效性。

环节四：校企合作，实践创作

教学的设计和实施要"基于学"，而不是"基于教"，就要把话语权、探索权交给学生。第一步，打开多媒体风格库，其中涉及中国风、卡通派、北欧风、抽象派4大方面，学生点击进入想要学习的内容，每个风格分别从案例分析、题材选择、设计要素、可用工具、色彩搭配等方面，呈现视频、文字、图片等多种形式的知识，为学生提供了可用的丰富的学习资源。

第二步，经过集思广益后，每组确定原创图案的系列，每位同学构思并在"SketchBook"App上绘制草图、尝试配色等，只需轻触指尖，随时可以把捕捉到的创意想象、风格意识表现出来，小组成员在交流分享、逐步完善中让小组作品集合成一个完整有趣的系列作品，学生在创作过程中体会到：持之以恒的学习是设计的来源，责任感是设计的原则，而灵感是设计的升华。

第三步，在Photoshop软件中完成原创图案的绘制，如果实践遇到困难，可以获得小组技术人员或者老师的帮助。

第四步，创意人员上台展示，介绍小组系列作品的创作理念或绘图技巧等，分享学习的经验和过程。

在小组互评、教师点评后，每位同学反馈修改作品，再将平面图案呈现在立体的抱枕图案中，上传自己的最终作品。

在轻松愉快的气氛中学生发挥了创意想象，将知识、技能融会贯通，培养了审美意识和设计创意理念，也突破了教学的难点。

环节五：回味作品，拓展延伸

课后，学生自评反思这节课的收获，教师将学生作品上传至论坛，企业负责人查看后在线点评，为学生提出专业的指导意见，进一步完成学校与企业的对接。每组推广人员搜集小组作品后，制作出易企秀，在微信平台上发布展示，接受社会人士的投票与意见，也让每个学生都能回味自己的学习成果，感受成功，享受快乐。企业将获得票数最多的小组作品制成成品，赠送给作者。

四、教学反思

在课堂中，教师以"供给侧改革"的思维探索计算机专业生态技能课堂的构建，通过创设岗位情境，让学生在活动中尽可能地表现所知，发挥所能；利用云班课呈现丰富的教学资源，并实现了教学考核、多元评价的及时反馈；钢笔工具游戏，让学生在玩中学，学中练，提高了自我探究的学习能力，解决了教学的重点；多媒体风格库使每个学生可以按照自己的个性和需求自主地选择学习的方式和内容；"SketchBook"App 让学生便于创作，乐于创作，实现创作与制作的紧密连接，从而突破教学的难点。信息化的教学手段起到了助学助教的作用，学生们体会到课堂教育不仅是理论技能的传授，也是对自身未来职业发展过程中所需能力和素质的培养。

附：创意枕中画
——《钢笔路径工具》信息化教学设计

一、教学基本情况

授课课程：图形图像处理 Photoshop CS6

项目课题：创意枕中画

授课内容：《钢笔路径工具》（第五章第二节）

授课对象：中职计算机应用专业一年级

课时安排：2 课时（相连）

授课人数：20 人

所选教材：《图形图像处理 Photoshop CS6》（贺欣主编，电子工业出版社出版）

授课形式：信息化教学

二、教学分析

1. 教材分析

教材选自电子工业出版社出版的《图形图像处理 Phtoshop CS6》，是江苏省国示范学校重点建设专业系列教材。本书共 9 章，介绍了初识 Photoshop CS6、选择区域的创建与编辑、图层应用、图像的编辑与修饰、路径与形状工具、滤镜特效、企业 VI 设计、网店美工、广告设计等内容，知识讲解全面，任务案例丰富，操作性强，既可提高读者的图形图像处理能力，又可提高读者使用 Photoshop 软件进行图形绘制、图文编辑的应用操作技能。该教材无论在体例设计与逻辑架构上，还是在内容构成与呈现形式上，皆是务实与创造并重、规范与创新兼备。

2. 教学内容分析

根据课程目标和职业需求，并结合校企合作项目，在对教材内容进行了适当的调整和优化后，将教材第五章第二节钢笔路径工具作为本课教学内容的第一个部分，将制作原创抱枕图案"创意枕中画"作为第二个部分，教学时长为 2 课时。

3. 学情分析

教学对象是中职计算机应用专业一年级的学生，班级共 20 人，根据平时的观察以及课前的调查问卷，总结学生的实际情况。

优点：学生经过一学期色彩专业课程的学习，有了一定的绘画基础和色彩搭配能力；掌握了平面设计软件的基本操作；信息化处理能力较强。

缺点：审美评价能力较弱；知识技能的"再创造"能力较弱。

专业技术课：他们喜实践厌理论，欠缺对问题的分析、解决、总结、归纳能力。

4. 资源分析

"创意枕中画"是本课的任务点。结合学生的心理因素，鼓励学生采取自主学习、小组合作学习的方式探究课堂教学内容，并有效地利用学生的竞技心理，把教学从教的外在中心转移到学的内在中心上来，通过"做中学、练中思"，让学生在教学视频观看、理论知识探究、绘图软件设计实践、技能实操训练中积淀专业基础能力和专业发展能力，以求主动赢得未来。

5. 教学目标

即知识、能力、情感三维目标。

知识与能力：熟练掌握钢笔路径工具的使用方法并用其制作原创抱枕图案。

过程与方法：学生通过课前自主学习、课堂合作互助、课后延伸拓展，学会设计制作原创抱枕图案，提高分析、解决问题的能力，培养团队协作意识和集体荣誉感。

情感目标：学生在不同的岗位情境设置，完成任务中加深对职业的认同感，培养审美意识和设计创意理念，逐步养成严谨的工作作风和和谐的人际关系。

6. 重点难点

教学重点：钢笔路径工具的操作使用。

教学难点：原创图案的设计与制作。

7. 教学设计思路

基于我校"蒲公英工作室"的校企合作企业项目任务书，以小组为单位创设岗位。让学生通过小组合作、自主探究、游戏竞赛、实践创作、任务评价等学法，在校企合作的真实任务下，循序渐进地掌握知识，锻炼技能。

本项目聚焦真实任务，利用信息化手段，鼓励学生采用个人自主探究、团队合作等方式学习，以竞技游戏场景为背景，课前、课中、课后环环相扣，最后实现真实项目任务，充分体现了信息化环境下群体协作的精髓：开放、合作、平等、共创、共享。

三、教师教法

教法：项目教学法、任务驱动法、演示教学法。根据职业学校学生的特点和认知规律，采用理实一体化教学模式，大胆突破以往理论与实践相脱节的现象，全程构建学生素质和技能培养的模式，丰富课堂理论教学和实践教学环节，综合应用任务驱动法、探究法等教学方法引导学生的学习、设计之旅，培养学生自主学习和动手实践的能力。

四、学生学法

学生是课堂活动的主人，是实现有效教学的关键。针对学情，本节课主要引导三种学习方法：一是自主学习法，学生在教师的循循善诱下，通过微课教学视频辅助教学，通过钢笔工具闯关网页游戏，一步步掌握钢笔路径工具的使用方法，循序渐进，感受到学习的喜悦；二是协作学习法，在学习过程中，学生彼此间相互质疑，相互帮助，享受着交流合作的快乐；三是探究性学习法，鼓励学生敢于挑战，向"创意设计任务"发起进攻，尝试运用所学知识去完成一定难度的创意设计任务，适当创新，实现突破。课堂中几种方法交错运用，相机而行，旨在鼓励学生张扬个性，呈现风采，体现探索精神和创新能力，最终在作品中展现知识的掌握与能力的提高。

五、学习生态

本课分为课前准备、课上导学、课后拓展三个阶段。

课前,在班级创立的"蒲公英"工作室中以小组为单位创设岗位,并展开课前准备活动。

课上,在智慧教室,教师利用班课学习平台、教学原创微视频、绘图闯关网页游戏、"Autodesk SketchBook"App 等信息化手段掌控课堂的节奏和力度,让学生通过小组合作、自主探究、游戏竞赛、实践创作、任务评价等学法,在校企合作的真实任务下,循序渐进地掌握知识,锻炼技能。

课后,通过易企秀展示、宣传学生作品,并与企业连线直播,实现学生与企业面对面的设计评价环节。

通过小组合作、自主探究、实践创作、归纳总结等学法赋予学生有规则的自由、自主选择的自由,在动脑、动手、动口的过程中让学生变被动学习为主动学习。

教师通过任务驱动、启发引导、企业成品设计评价等教法掌控课堂节奏和力度,让学生在解决问题中主动探究知识,掌握知识,形成技能,体现无痕教学的价值理念。

六、教学流程设计

教学流程如图 4 – 7 所示。

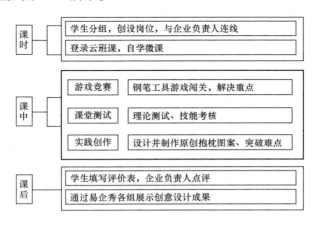

图 4 – 7 教学流程

七、教学过程与方法

教学过程与方法如表 4 – 5 所示。

表 4 – 5　教学过程与方法

环节	教学内容	教师活动	学生活动	设计策略
		课前		
环节一 课前 准备 初探 新知	构建小组 创设岗位	根据投票结果以及组内异质组间同质原则合理构建 4 个学习小组	学生对自己感兴趣的创作风格进行投票，并分为中国风、卡通派、北欧风、抽象派 4 个小组，每组创设组长、策划、创意、技术、推广 5 个岗位	既满足了学生的兴趣和个性需求，也保证了成员之间的互补性、小组竞争的公平性
	企业连线 提出项目	与企业负责人连线	与企业负责人面对面交流，明确本次合作项目的内容和设计要求	引入校企合作的真实任务，让学生尽快进入岗位角色
	登录云班课 自学微课	引导学生登录云班课，为学生营造一个主题式"一对一"的学习小环境	学生通过学习教学微视频，初步了解钢笔工具中锚点、片段、方向线的概念，以及快捷键的使用技巧	以云班课为载体，为学生提供丰富的教学资源；翻转课堂，学习微课，在课前完成自学预习
		课中		
环节二 游戏 竞赛 突破 重点	熟悉网页游戏规则	巡视、观察学生操作情况	跟着游戏教程练习，一边观看游戏演示，一边尝试操作，熟悉游戏规则	为游戏竞赛做铺垫，循序渐进地强化学生使用钢笔路径工具的能力
	小组合作游戏竞争	组织学生进行游戏竞赛。通过统计游戏完成所用的锚点数量和时间长短，评判小组的名次	小组成员互帮互助地完成充满趣味性的 10 个闯关游戏。竞赛过程中，每个闯关完成所用锚点最少、用时最短的小组胜出	通过游戏竞赛充分调动学生竞争意识，提升了自我探究的学习效率，实现了合作学习和独立思考的有效融合

环节	教学内容	教师活动	学生活动	设计策略
			课中	
环节二 游戏 竞赛 突破 重点	学生展示操作	鼓励学生展示操作	优胜小组的技术岗位人员在电子大屏上分享操作步骤	让学生把知识交给学生,给了学生更多的思考时间和空间
	归纳总结	归纳总结,引导学生梳理一下知识点:①路径相对于选区的优点;②锚点和片段的概念;③锚点方向对曲线的影响;④锚点方向线长短对曲线的影响;⑤曲线的两种状态:S形和C形	学生分析发言:①路径的精度高且便于修改;②锚点和片段的概念;③移动"手柄"可以改变锚点的方向,按住Alt键可切换为"转换点工具",按住Ctrl键可切换为"直接选择"工具;④对于一个锚点而言,如果方向线越长,那么曲线在这个方向上走的路程就越长,反之就越短;⑤若某锚点去向与下一锚点来向,方向相反,则它们之间构成的曲线为C型,反之为S型	结合竞赛过程时的探究,对新知有更宽泛、深入的思考,引导学生主动构建知识体系
环节三 课堂 测试 考核 反馈	理论测试	引导学生进行理论测试	在班课平台里进行理论测试,生成成绩	教师及时了解学生对新知的理解情况
	技能考核	引导学生进行技能考核,了解学生的操作应用能力	在钢笔游戏中完成技能考核项目	反馈游戏竞赛环节的实效性

续表

环节	教学内容	教师活动	学生活动	设计策略
课中				
环节四校企合作实践创作	成功案例阐述	教师提供涉及了中国风、卡通派、北欧风、抽象派4个方面的风格库作为学习资源，观察学生学习情况	学生打开风格库，点击进入想要学习的内容，每个风格分别从案例分析、题材选择、设计要素、可用工具、色彩搭配等方面，呈现视频、文字、图片等多种形式的知识	使每个学生可以按照自己的个性和需求自主地选择学习的方式和内容，激发创作的灵感
	"Autodesk SketchBook"App 绘制草图	教师巡视并适当地提出意见	经过集思广益后，每组确定抱枕图案的系列。利用"SketchBook" App 绘制原创图案的草图，尝试配色等；小组成员交流分享，逐步完善后让小组作品汇集成一个完整有趣的系列作品	"SketchBook" App 使学生便于创作，乐于创作，互相分享设计的理念
	绘制原创图案	教师观察学生设计联系制作的实际操作情况，并给出适当的帮助	在 Photoshop 软件中利用钢笔路径工具并结合其他工具完成原创图案的绘制，实践过程中如果遇到困难可以获得小组技术人员或者老师的帮助	完成制作与创作的紧密连接
	创意展示	与学生分享的创意理念和学习经验	由每组创意人员上台展示小组系列作品	分享创意理念和学习经验
	立体抱枕图案制作	教师接受学生作品	适当修改作品并将其呈现在立体的抱枕图案中	立体抱枕使得设计作品的呈现更加直观，效果更加明显

续表

环节	教学内容	教师活动	学生活动	设计策略
			课后	
环节五 回味 作品 拓展 延伸	填写评价表	引导学生填写评价表	学生填写评价表	学生反思这节课的收获
	企业负责人点评	在论坛中上传学生作品	学生根据企业负责人的点评反思此次作品的创作	进一步完成学校与企业的对接
	易企秀	欣赏学生制作的易企秀	每组推广人员为小组的系列抱枕制作出易企秀,在微信平台上发布展示	让每个学生看到自己的学习成果
	赠送抱枕	和学生一起分享成功的喜悦	学生接受企业赠送给设计者的抱枕	感受成功,享受快乐

八、教学评价

教学评价设计如表4-6所示。

表4-6 学生项目实践评价表

| 班级 | | 姓名 | | 学号 |

观察与评价			
自我评价			
观察点	☺	☺	☹
课前自学微课,尝试微课中的实例			
钢笔工具游戏竞赛闯关完成情况			
理论测试、技能考核完成情况			
构思设计的作品,绘制草图的效果			
在 PS 中完成图案的绘制			
主动学习、克服困难的勇气、自我反思			

续表

项目小组评价			
个人的岗位在小组合作过程中的价值体现，效果			
具有团队合作精神，服从分配，互帮互助			
对他人正确评价，耐心听取他人意见，勇于自我批评			
总体表现			
学生项目团队完成情况			
反思与探究			
存在问题			
解决的办法			

九、教学反思："快乐、自由的创意课堂"的教学理念

本课秉承"以生为本"理念，执教了一堂"项目课堂"。校企合作，让课堂突破了时空的界限，力求产教相契合，实现创作与制作的紧密连接，进一步完成理论与实践的结合、学校与行业的对接。

第一，营造快乐、自由的课堂氛围。通过钢笔工具闯关游戏，学生获得了快乐、自由、民主的展示，以自己的生命激情与成长热望，在自主探究与合作探究方面都激发出了更大的潜力。朱永新说过，无限相信学生的潜能。面对个性不同、性格各异的学生，教学过程中常常充满了不可预设的创造的契机，师者可以充分发挥其教学机智，伺机点拨；学生可以充分展示其内在潜力，完美展示。课堂的精彩，永远是学生的精彩。在教学过程中，学生质疑、探究浑然一体，课堂上生成的智慧，处处皆是，学生创意无限的惊喜，层出不穷。

第二，利用多媒体风格库，从案例分析、题材选择、设计要素、可用工具、色彩搭配等方面呈现了丰富的设计资源，满足了学生的个性需求和学习兴趣，为课堂顺利突破难点奠定了好的基础。当学生的思考和视野有了一定的厚度和宽度，课堂上他们思维的火花就有了持续的热度与精彩度。

第三，在创设的设计师、创意师等工作岗位实践中，学生能够充分体会职业岗位需求，后期通过企业负责人的点评，了解行业相关的最新发展现状，能够全面培养学生的综合素质和设计创新能力。

第四，学习评价渐趋成熟，结合学科的特点，以感性来促动理性，用自

评、他评、师评、企业评等不同的方式进行激励为主、直陈不足的学习评价，每个学生都获得学习与交流的双重喜悦。

第五，回味作品，拓展延伸，通过课后易企秀展示小组作品达到"锦上添花"的效果。易企秀平台彻底突破了时间与空间的限制，实现了课堂内外的智慧留痕，思考叠加。易企秀作品推广，接受社会人士的投票与意见，让每个学生感受成功，享受快乐，并反思自己的不足，也极大地促进了学生职业综合能力的提升。

当然，我们也不断提醒自己，要站在学生角度，多为学生思考。

首先，个别内向、反应迟缓的同学，还有遗珠之憾。在今后的教学中，等待再久一些，不要因急躁忽略了学生期望的眼神，网再撒得大一点，不要有"漏网之鱼"。

其次，课堂上多一些"聆听"，少一些断言。有些学生的思考，即使不太成熟，甚至有些荒谬，也不宜轻易否定，而要善于发现他们思想中哪怕一丝一毫的光芒，给予肯定，小心呵护。

（本项目为 2017 年江苏省职业学校教学大赛信息化教学设计比赛二等奖作品，参赛团队成员为朱梦婷、苏丹、黄权，指导教师为杨一丹）

案例 5 工艺美术——特别的爱给特别的你

《特殊学校导视系统标识设计》信息化实训项目教学设计说明

无障碍环境是社会文明进步和创造和谐社会的标志之一。而无障碍标识设计是无障碍环境中的重要组成部分。优秀的无障碍标识，总是将人文情怀融入标识设计中，方寸之间处处以人为本，关爱特殊群体。本项目主题是"特别的爱给特别的你——特殊教育学校导视系统标识设计"，从以下 4 个方面进行说明。

一、教学分析

1. 教学内容

本课选自中职工艺美术专业课程"企业视觉形象设计"中的第五章第三节基本符号系统设计。标识设计课程是工艺美术专业主干课程。在整个课程体系中处于承前启后的地位，前置课程有"平面构成""色彩构成"等基础设计，后续课程有"VI 设计""广告设计"等专项设计，学生通过本课程学习完成由设计基础到专项设计的过渡，将基础课程中的知识转化为设计能力。

基于人才培养目标和岗位能力需求，我们将基本符号系统设计作为本课主要教学内容，结合无障碍导视系统标识设计和制图软件操作进行拓展和整合。

2. 学情分析

受益于学校与当地特殊教育学校、残联等单位有多次的活动合作，学生们对特殊人群有初步的了解，并被他们乐观的生活态度和淳朴的内心所打动。

技能基础方面：学生们已经具备了较为扎实的手绘基础和制图软件操作技能。他们迫切地想运用自身的专业技能为需要帮助的人做出贡献，由于学生对真实项目的实践还处在初始阶段，因此需要进一步地提升项目实施中的专业素养。

3. 教学目标

根据以上分析，综合课程标准与岗位需求确定了如下三维教学目标。知识目标：能理解无障碍标识设计的内涵、了解无障碍标识设计的方法及注意事项。技能目标：能运用手绘完成本课项目标识草图，能运用制图软件制作出符合特殊人群所需的规范化标识。素养目标：在设计过程中注重同伴合作，会准确表述设计意图。

学生明确任务目标，围绕项目主题，将规范意识、专业技能、合作精神及关爱思想融入整个学习过程中。

根据学生的认知规律和现有基础，确定本课的教学重点为无障碍标识的规范设计，本课的教学难点为符合特殊人群需求的配色设计。

二、教学策略

本堂课通过"一个平台、一个情境、一个助手"将信息化手段贯穿线上线下教学全过程。通过平台的数据分析实现智能分组，优化小组结构。通过VR视频情境，观摩项目场景，为设计主题和风格确定提供依据。通过助学软件，辅助学生深度体验特殊人群的需求，实现人性化设计。在项目化教学模式下，以工作任务引领教学过程与岗位流程的无缝对接。

三、教学过程

（一）创设情境 自主学习

本地特殊教育学校委托我校美术专业师生设计校内主要建筑的导视标识，同学们信心满满地接受了这一富有意义和挑战性的任务。

教师在学习平台发布本课"电子书包",学生通过"学"和"测"两个环节完成课前的知识储备。

学知识:通过教材及微课了解无障碍标识设计的内容与方法;收集国际通用的无障碍导视系统标识,了解其发展历程与现状。

测能力:学生完成在线测试,检查初学结果,查漏补缺。

根据测试结果,平台智能分组。各组以设计工作室的形式进入课堂学习,组长负责本组成员分工和协调。

(二)赏析比较 明晰目标

走进课堂,各工作室展示收集到的无障碍标识,师生赏析并进行点评,明确:一个规范的无障碍标识设计必须清楚表达相关设施及服务的功能,为使用者提供清晰的指引。

学生通过观看 VR 情境,了解该特殊教育学校的整体布局、建筑风格等,为设计标识做准备。教师引出本课学习任务:各工作室分别围绕学校教学楼、运动馆、餐厅、康复中心等场所进行个性化标识设计。各工作室接受任务,进入设计构思状态。

(三)激活思维示范引领

各组学生在选定不同题材之后,开展头脑风暴,确定不同形式和特点的创意方案,并以思维导图的形式加以总结梳理。

经过讨论,师生达成共识:本次标识的图形设计既要凸显各场所的功能,又要体现出特殊学校的特点,风格以扁平化为主。

此时同学们已将设计的思路了然于心跃跃欲试,在着手尝试之前一起观摩教师的设计示范。

教师进行现场示范创作,突出项目主题设计,给出实训任务。为了避免因教师示范导致学生思维局限,设计模式化,以图书馆标识设计为例进行讲解。

在绘制草图阶段,该标识设计使用圆规绘制圆形底图,其次在设计创意中考虑到既要符合特殊人群不同于普通人群的阅读方式这一特点,同时又须进行适度的简化与概括让人一目了然。因此采用一双手的形象结合翻开书本形象来象征特殊人群的阅读方式,绘制中保持左右形象的中轴对称,并用针管笔进行勾勒。在配色中考虑到红绿色弱色盲人群的辨识困难,我们采用了深蓝色的图底搭配橙黄色的手部,形成鲜明的色调对比。

接着将草图导入 PS 软件中进行正稿制作,在新建页面中,打开网格显示，确保规范制作。使用选择工具画出正圆作为底图。然后绘制书本，用方形选择工具绘制底层书本，结合使用钢笔工具绘制上层页面的外形，并保持边缘大小平滑一致。接着使用钢笔工具绘制手部，通过添加和删除描点进行微调。复制刚才所画的半边图形，进行自由变换与组合。在配色中避免红绿色弱色盲的问题，选择 RGB 数值为 0、0、150 的深蓝色和 RGB 数值为 250、225、150 的橙黄色作为标准色填充底图、书本以及手部，同时为了视弱人群可清晰辨认，选取方正大黑体为标准字体。

设计风格以扁平化具象图形元素为主，围绕特殊教育群体的年龄段以明亮、亲和、直观为主要表达方式，重在体现：特殊学校的孩子们沉浸于图书馆中努力学习科学知识、掌握专业技能，为了将来在社会上立足、做出贡献从而实现自我价值。

（四）规范实操 以人为本

学生在认真观看完教师作品的实践过程后，进入紧张的实操环节。这一环节根据岗位实际工作流程进行，同时重在实现标识的规范化设计，解决本课的学习重点。

第一步：绘制草图，运用手绘方式将构思和创意进行可视化呈现。这个过程中，各工作室分别综合运用象形、几何、象征等表现形式，画出多个草图，通过小组讨论，从中筛选出满意的方案。各工作室派代表将标识构思的创意进行交流，取长补短。

第二步：确定配色。配色中色相不宜过多，重在加强留存记忆。同时注意通过纯度的强弱对比、明度对比来加强视觉锐度。但是怎样让我们的色彩设计便于色盲色弱人群的辨识呢？这对学生来说是一大难题。因此我们教师团队自主开发了一个助学软件，让学生可以站在色彩障碍者的角度观看标识的真实效果，从而对配色加以修改完善，顺利突破本课难点。

第三步：设计文字。为了能够使弱视人群能清楚地分辨出字体的轮廓边线，在字体选择时要选用"无衬线字体"，适当进行加粗处理，并避免烦琐的字体挤在同一空间。考虑到盲人辨识方式不同，部分环境中的标识需同步配以盲文，学生通过登录在线翻译网站，将汉字译成盲文，为后期工艺制作提供便利。

第四步：正稿制作。将草图设计通过扫描导入 PS 软件中。运用"网格标识、比例标识"等方法，精细准确地对设计元素的比例、间距、倒角等进行规范化设计。为了确保标识在不同场合使用中的准确性和一致性，样图要给出标识的色彩标准、字体标准、大小比例等详细说明。

（五）聆听反馈　精益求精

完成作品后，教师连线校企合作单位——广告公司艺术总监对各工作室作品进行点评，学生虚心聆听行业专家对设计作品的见解与评价，并做进一步的修改和完善。最后各组将作品制作出实景运用效果图上传至平台分享交流，并接受特殊教育学校师生、家长的投票评选。

（六）拓展延伸　勤学不辍

本节课学习内容的结束也意味着新的学习任务的开始，教师总结此项目的完成情况，同时布置后续任务，即根据网络评选结果，将优秀的作品以不同的材质完成后期制作。

四、教学效果

本次教学注重塑造学生以人为本这一设计岗位的核心素养，教学中适度运用了信息化教学手段，高效达成了教学目标。

教学亮点：项目教学岗位素养，无缝衔接；教学软件规范制作，紧扣重点；模拟体验深度探究，化难为易；以人为本服务社会，不忘初心。

附：特别的爱给特别的你
——特殊学校导视系统标识设计

一、教学基本情况

授课名称：特别的爱给特别的你——特殊学校导视系统标识设计

课程名称：企业视觉形象设计

授课形式：信息化实训教学

授课对象：2016 级工艺美术专业学生

授课地点：智慧教室

授课人数：12 人

授课学时：2 课时

教学准备：多媒体教学设备、配套信息资源、网络教学平台、画具

二、教学设计思路

本课题主要围绕给特殊学校导视系统标识设计开展教学活动，运用线上

线下混合式教学模式，整个教学过程依托教学平台、标识设计软件等信息化技术手段，以"任务驱动，自主探求"为主，让艺术构思可视化，艺术创意直观化，提高学生创意设计的能力，培养学生在设计过程中的敬业、精益、专注、创新的匠心精神，为未来"职业人"打下坚实的基础。

三、教学内容分析

本课选自中职工艺美术专业课程"企业视觉形象设计"中的第五章第三节基本符号系统设计。标识设计课程是工艺美术专业主干课程。在整个课程体系中处于承前启后的地位，前置课程有"平面构成""色彩构成""图形创意""字体设计"等设计基础课程，后续课程有"VI 设计""广告设计""包装设计"等专项设计课程，学生通过本课程学习完成由设计基础到专项设计的过渡，将基础课程中的知识转化为设计能力。

基于人才培养目标和岗位能力需求，我们将第五章第三节基本符号系统设计作为本课主要教学内容，结合无障碍标识设计和制图软件操作进行拓展和整合。

四、学情分析

本课授课对象是美术设计专业二年级的学生。受益于学校与当地特殊教育学校、残联等单位有多次的活动合作，学生们对残障人士这一特殊群体有初步的了解，并被他们乐观的生活态度和淳朴的内心所打动。

已有基础和能力：学生具备一定的美术基础技能和软件操作技能，感性思维活跃。通过前面的学习，已系统了解了图形创意和 PS 软件设计的基本要领，为本课程的学习做好了知识与技能的转化准备。

期盼获得能力：本班学生学习态度积极认真，渴望自己的创意成果获得社会认同，他们迫切地想运用自身的专业技能为需要帮助的人做出贡献。

学习实际困难：由于学生对真实项目的实践还处在初始阶段，因此，需要进一步地提升项目实施中的专业素养。

五、教学目标

知识目标：能理解无障碍标识设计的内涵、了解无障碍标识设计的方法及注意事项。

技能目标：能运用手绘完成本课项目标识草图，能运用制图软件制作出符合特殊人群所需的规范化标识。

素养目标：在设计过程中注重同伴合作，会准确表述设计意图。

六、重点难点

教学重点：无障碍标识的规范设计。

教学难点：符合特殊人群要求的配色设计。

七、教法学法

教学方法：情境教学、合作探究、任务驱动。

学习方法：体验式学习、探究式学习、合作式学习。

八、教学策略

本堂课，我们通过"一个平台、一个情境、一个助手"将信息化手段贯穿线上线下教学全过程，借助平台的数据分析实现智能分组，优化小组结构。通过 VR 视频，学生了解项目场景，为设计主题和风格确定提供依据。在项目化教学模式下，以工作任务引领，教学过程与岗位工作流程无缝对接。

九、活动任务

硬任务：

观看教学平台中的学习包，领取本课任务，收集素材，分组讨论设计方向（课前）；分析重点难点、分组实践设计作品并上传公众平台进行大众评价，并请企业负责人员进行评价（课中）；修改完善作品（课后）。

软任务：

处理问题的方法、设计应用的能力、团队协作的能力、审美情趣的提高。

十、教学流程

教学流程如图4-8所示。

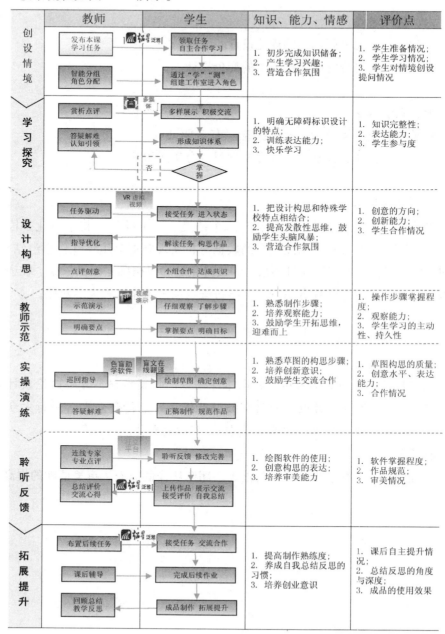

	教师	学生	知识、能力、情感	评价点
创设情境	发布本课学习任务 / 智能分组角色分配	领取任务 自主合作学习 / 通过"学""测"组建工作室进入角色	1. 初步完成知识储备; 2. 产生学习兴趣; 3. 营造合作氛围	1. 学生准备情况; 2. 学生学习情况; 3. 学生对情境创设提问情况
学习探究	赏析点评 / 答疑解难 认知引领	多样展示 积极交流 / 形成知识体系 / 掌握(否)	1. 明确无障碍标识设计的特点; 2. 训练表达能力; 3. 快乐学习	1. 知识完整性; 2. 表达能力; 3. 学生参与度
设计构思	任务驱动 / 指导优化 / 点评创意	接受任务 进入状态 / 解读任务 构思作品 / 小组合作 达成共识	1. 把设计构思和特殊学校特点相结合; 2. 提高发散性思维,鼓励学生头脑风暴; 3. 营造合作氛围	1. 创意的方向; 2. 创新能力; 3. 学生合作情况
教师示范	示范演示 / 明确要点	仔细观察 了解步骤 / 掌握要点 明确目标	1. 熟悉制作步骤; 2. 培养观察能力; 3. 鼓励学生开拓思维,迎难而上	1. 操作步骤掌握程度; 2. 观察能力; 3. 学生学习的主动性、持久性
实操演练	巡回指导 / 答疑解难	绘制草图 确定创意 / 正稿制作 规范作品	1. 熟悉草图的构思步骤; 2. 培养创新意识; 3. 鼓励学生交流合作	1. 草图构思的质量; 2. 创意水平、表达能力; 3. 合作情况
聆听反馈	连线专家专业点评 / 总结评价 交流心得	聆听反馈 修改完善 / 上传作品 展示交流 接受评价 自我总结	1. 绘图软件的使用; 2. 创意构思的表达; 3. 培养审美能力	1. 软件掌握程度; 2. 作品规范; 3. 审美情况
拓展提升	布置后续任务 / 课后辅导 / 回顾总结 教学反思	接受任务 交流合作 / 完成后续作业 / 成品制作 拓展提升	1. 提高制作熟练度; 2. 养成自我总结反思的习惯; 3. 培养创业意识	1. 课后自主提升情况; 2. 总结反思的角度与深度; 3. 成品的使用效果

图4-8　教学流程

十一、教学过程

教学过程如表 4 – 7 所示。

表 4 – 7　学习过程

教学环节	教学过程	教师活动	学生活动	技术手段
课前预热 创设情境	【课前准备】 1. 利用教学平台发布学习任务： 本地特殊教育学校委托我校美术专业师生设计校内主要建筑的导视标识，我们将以设计工作室的形式进行创作投稿； 2. 通过在线学习和测试巩固知识； 3. 智能分组	1. 教师在学习平台发布本课"电子书包"； 2. 通过教学平台，检查学生学习情况。检查初学结果，查漏补缺； 3. 利用平台学生学习状况数据分析分组，成立工作室——卓艺设计工作室、起点设计工作室、新空间设计工作室	1. 【学】学生利用网络平台，通过教材及微课了解无障碍标识设计的内容与方法；收集国际通用的无障碍导视系统标识，了解其发展历程与现状； 2. 【测】完成"企业标识设计知多少"在线测试检查初学结果，查漏补缺； 3. 组建工作室，选出"项目总监"，负责本工作室成员分工和协调	依托泛雅平台学生通过"学"和"测"两个环节完成课前的知识储备。 学习平台 查看任务 分组展示

续表

教学环节	教学过程	教师活动	学生活动	技术手段
学习探究	【赏析标识】（3分钟）感受优秀标识的魅力，为标识设计做铺垫；【明确任务】（5分钟）老师出示任务，学生通过观看VR视频，了解本地特殊教育学校的整体规划布局、建筑风格等，为进行标识设计做准备	1. 与学生共同赏析点评：开阔学生眼界，提高学生的鉴赏能力；2. 教师引出本课学习任务：各工作室分别围绕学校教学区、运动区、生活区、康复区等场所进行个性化标识设计	1. 各工作室展示收集到的无障碍标识，师生赏析并进行点评，明确：一个规范的无障碍标识设计能够清楚表达相关设施及服务的功能，为使用者提供清晰的指引；2. 各工作室接受任务，进入设计状态	百度搜索同类标识 学生观看VR视频
设计构思	【任务解读】（2分钟）各工作室进行任务解读，并通过讨论确定适合表现特殊教育学校的设计主题；【构思作品】（5分钟）1. 信息消化及设计方向分析；2. 通过分析关键词讨论确定表现形式，师生达成共识	老师共同参与讨论。1. 引导学生提炼概括关键词；2. 利用关键词，开展头脑风暴发散思维	分析特殊教育学校建筑风格、功能等特性，找到关键信息进行解读。1. 根据提供的信息，提炼关键词；2. 从收集到的信息中用思维导图的方式提取有用的信息和元素	分析学校特性 绘制思维导图 头脑风暴图

续表

教学环节	教学过程	教师活动	学生活动	技术手段
教师示范 实操演练	【教师示范】(10分钟)学生观看老师演示,更加明确绘制标识的基本流程	教师示范、讲解突出主题设计,给出实训任务	学生通过观看,感悟制作过程	教师示范
	【绘制草图】(10分钟)1. 运用手绘方式将构思和创意进行可视化呈现;2. 通过集思广益,确定设计构图方案	1. 教师巡回指导:提出意见和建议,指出存在的问题,提出作品的规范性和美观性;2. 听取各小组构思,并提出建议	1. 各工作室分别综合运用象形、几何、象征等表现形式,画出草图,通过小组讨论,从中筛选出满意的方案;2. 各工作室派代表讲解标识构思的创意,互相交流,取长补短	绘制草图 运用标识助学软件,进行可视化呈现
	【确定配色】(5分钟)1. 通过讨论确定配色套系;2. 运用自主开发的一个助学小软件,解决色盲、色弱的问题,顺利突破本课难点	1. 配色除了色相不宜过多,以加强留存记忆,还要注意纯度的强弱、明度的高低并以此来加强视觉锐度;2. 展示助学软件,解决色盲、色弱等视力障碍对颜色产生的困扰问题	1. 通过小组协调、讨论确定颜色的套系;2. 运用助学小软件,站在视力障碍者的角度观看标识效果,在此基础上,对配色加以修改完善,设计出既美观又适用的作品	助学软件,解决色盲、色弱的问题。教师团队自主开发助学软件

教学环节	教学过程	教师活动	学生活动	技术手段
教师示范 实操演练	【设计文字】（5 分钟）1. 解决弱视人群能清楚地分辨出字体的轮廓边线问题，在字体选择时要选用"无衬线字体"，或者进行加粗处理；2. 便于盲人辨识，部分环境中的标识需要同时配以盲文，学生通过登录在线翻译网站翻译后，将文字同时以盲文形式呈现，为后期工艺制作提供便利	1. 讲解弱视群体对文字的要求；2. 提醒学生对盲人的辨识，寻找解决方案	1. 了解并讨论、选择适合弱视群体的字体；2. 学生通过登录在线翻译网站翻译后，将文字同时以盲文形式呈现	盲文在线查找
	【正稿制作】（30 分钟）完善细节，利用专业软件进行多版本设计，完成制图	教师巡回指导。在技术上给予帮助，并提醒学生确保标识在不同使用中的准确性和一致性，标准图要给出标志的色彩标准、字体标准以及大小比例等	将草图设计通过扫描导入 PS 软件中。运用"网格标识法，比例标识法，圆弧、角度标识法"等，精细准确地对标识中元素的比例、间距、倒角、粗细等进行规范化设计	运用 Photoshop 等制图软件对标识进行规范制作

续表

教学环节	教学过程	教师活动	学生活动	技术手段
聆听反馈	【权威评价】（10分钟）1. 虚心聆听专业人士对我们设计作品的见解与评价；2. 根据专家的意见做进一步的修改和完善；3. 各组将作品制作出实景运用效果图上传至平台分享交流，并接受特殊学校师生及家长进行投票评选	1. 教师连线校企合作单位——广告公司艺术总监对各工作室作品进行点评；2. 巡回指导；3. 上传作品，邀请特殊学校师生及家长进行投票评选	1. 学生虚心聆听导师对设计作品的见解与评价。2. 根据客户的意见做进一步的修改和完善、定稿。3. 将作品制作出实景运用效果图上传至平台分享交流	通过互联网连线企业负责人进行在线评价
总结延伸	【课堂小结】（5分钟）回顾标识设计流程并交流心得	教师引导	学生总结交流心得	
	【课后任务】根据网络评选结果，将优秀的作品以不同的材质完成后期制作	总结此次项目的完成情况，同时布置后续任务	根据要求完成后续制作	

十二、教学效果

本次教学注重塑造学生"以人为本"这一设计岗位的核心素养，教学中适度运用了信息化教学手段，高效达成了教学目标，回顾整个教学过程主要有以下几个亮点：

翻转课堂混合教学，评价多元；

模拟体验深度探究，化难为易；

以人为本磨炼技艺，不忘初心。

（本项目为2018年江苏省职业学校教学大赛实训大赛三等奖作品，参赛团队成员为毛娉婷、黄菊华、戴晓玉，指导教师为杨一丹）

案例6　园林绿化——胸有成竹　开创幸福

《胸花设计》信息化实训项目教学设计说明

胸花适用于许多庆典仪式，用来营造喜庆、愉悦等氛围，将鲜花制成胸花，不仅增添了一份清新和芬芳，更多了一份气质与魅力。本项目主题是"胸有成竹　开创幸福——胸花设计"，从以下4个方面进行说明。

一、教学分析

1. 教学内容

本课内容选自园林绿化专业核心课程"插花"——"胸花设计"教学内容，采用"十二五"规划教材《插花与花艺设计》，教学时长为3课时。本课程是提升学生审美品位和设计素养的必修课程。此项目既是对前面插花设计的表现技巧、创作步骤等理论知识的巩固，也是提升学生实践操作能力和审美能力的有效途径。

2. 学情分析

本课的教学对象为园林绿化专业二年级学生。他们已具备插花的基础知识和一定的实践经验。他们对胸花的表现技巧、意境表达、艺术创作方面有着强烈的学习渴望。

3. 教学目标

基于上述分析，我们从知识、技能、素养三方面确立以下教学目标。

知识目标：了解胸花设计的基本结构、应用场合、主题创意、色彩搭配、造型设计等基本技巧。

技能目标：运用网络学习平台和虚拟仿真软件学会胸花的创意设计和制作。

素养目标：在创作和审美过程中，逐步养成职业岗位意识。

其中，教师将胸花设计的构思及制作作为教学重点，利用多媒体平台进行直播，加强直观引导，解决重点。将胸花造型的创意设计作为教学难点，通过对"花艺设计"虚拟仿真软件的模拟操作，突破难点。

二、设计思路

借鉴混合式教学理念，有效整合视频、图文、动画等教学资源，依托教学平台和团队自主开发的"花艺设计"虚拟仿真软件，为学生创设虚实结合，情境交融的学习环境。促进学生艺术审美体验，激发学生学习兴趣，引导学生自主探究设计，有效解决教学重难点，从而达成本课教学目标。

三、教学过程

1. 课前（项目准备）创设情境　引出任务

一年不只有四季，还有一种季节，叫作"毕业季"，青春是似水流年里永恒的芳华。毕业在即，学校即将举行盛大而隆重的毕业典礼，学长和学姐将作为优秀毕业生代表进行发言，请分别为他们设计一款胸花。

教师在泛雅学习平台发布项目任务，推送视频、图片等学习资源，学生完成任务导学单，初步了解胸花的基础知识，并准备好花材、辅材和制作工具等。

2. 课中（项目实施）

走进课堂，学生展示课前作品，师生讨论、点评，指出胸花作品在颜色搭配、造型特点上存在的问题，由此引出本课学习任务。

任务一："知"先行——合作探究　夯实基础

首先，欣赏一段唯美的胸花创意视频，通过不同场景的胸花展示，学生合作探究，归纳总结胸花设计的基本要素。

要素1：基本结构。主花、配花、衬叶、装饰等。

要素2：应用场合。胸花适用于庆典仪式、婚丧嫁娶、探亲访友等各类正式场合。

要素3：主题风格。不同的场合，胸花有着不同的主题风格。奔放田园风搭配鲜花绿植元素；清新多肉风显得可爱俏皮；麦草乡村风追求自由纯真；微甜果实风带来美好收获之感。

要素4：色彩搭配。学生依次进行色彩的观察思考、测试判断、小组讨论，利用色卡搭配图谱，了解主花、配花、辅叶的色彩搭配要求。同时，胸花的运用应与服饰、配饰的整体色调相协调。常用的色彩搭配法有同类色搭配、邻近色搭配、对比色搭配、互补色搭配。

要素5：造型设计。应该根据胸花佩戴者的身高、脸型等，选择不同的造型款式。一般胸花的造型有星点式、三点式、放射式、飘洒式等，遵循"高低错落、疏密有致"的原则。

任务二："创"提质——虚拟演练　突破难点

由于鲜花具有一定的时令性，同时也为了减少在实训过程中不必要的耗材浪费，节约成本，让学生的无限创意能够得到完美展示，我们采用"花艺设计"虚拟仿真软件进行演练。学生进入"花材库"，根据不同主题，选择不同的花材进行搭配，通过色彩调配、造型调整等，最终确定胸花造型。设计完成，学生将作品上传至"作品库"，师生点评，反复修改完善。学生在酣畅淋漓的体验中感受胸花设计的快乐。演练过程中，教师进行巡回指导，课堂答疑。

任务三："行"有果——实践操作　解决重点

胸花设计的旅途中，最美的风景是现场制作环节。根据任务，本次胸花应用的场合是毕业典礼，优秀学生代表将佩戴胸花进行发言，因此，我们确定了微甜果实风的主题风格。

首先，教师进行技能操作示范展示。

毕业典礼是在夏季，学生将穿着浅色的衬衫，所以我们选择的主花是红袖，颜色干净，花型漂亮，给人清新素雅、纯洁高贵的感觉，也象征着美好的校园生活。

其次，要对主花进行修剪和加工，去掉干枯的叶子，想把花朵变小，可把外层花瓣去掉。用剪刀对花枝进行45度斜剪，留下10厘米左右的花枝。

我们选择的配花是火龙珠，那一抹娇艳的红带给我们别样的温暖。火龙珠具有红红火火、丰收之意，象征着学习生涯的满满硕果。火龙珠颜色鲜艳，在色彩上具有点缀作用。我们修剪掉多余的叶片，为了使结构造型左右均衡，我们再选一小枝进行搭配，修剪掉多余的火龙珠和叶片。将火龙珠放置在主花的两侧，注意"高低错落、疏密有致"的造型原则。

我们还选择了雾状满天星，点点繁星，蕴含着"纯净、致远"之意，玲珑细致的小花，极具婉约、雅素之美。在造型上注意前后呼应，更显出胸花的层次感、立体感和蓬松感。在色彩搭配上，以淡粉色为主色调，配以少量红色，加上点点白色，整体色调既统一又有对比，使得整款胸花浑然天成。

然后，选择的配叶是南天竹，枝叶秀丽，翠绿扶疏。我们挑选枝条挺直、叶片对称的分枝进行搭配。毕业在即，配上小竹叶，优秀学子必将胸有成竹，开启灿烂美好的锦绣前程。现在，胸花的基本造型初步呈现，在结构上再做微调。

现在使用绿胶带进行第一次缠绕，注意要紧密仔细。为了使胸花佩戴美观、无损衬衫，我们采用磁铁扣进行固定，把它放在胸花背面，进行第二次缠绕。

在花萼下方系上与主体相协调的丝带，我们选择淡粉色的丝带，与主花色调相呼应。配上蝴蝶结，更显得青春活力。

然后，对胸花进行喷洒，确保花材新鲜。这样，一款精致的"胸有成竹"就制作好了，必将为毕业典礼锦上添花。

最后，学生分成4个小组制作胸花，并反复观看教师制作视频，不断完善，完成作品。在学生操作过程中，教师巡回指导并拍摄细节照片上传至平台，鼓励学生大胆交流、点评。

总结评价

任务实施完毕，进入总结完善阶段。根据4个小组的胸花成品，进行点评，并进行现场投票，选出最佳的男生款和女生款，亮相毕业典礼。

3. 课后（项目拓展）

4个小组开创花艺微店，接受胸花网络定制服务，比比哪家微店收益好。希望同学们结合实际，充分展示智慧才能，创作出更多优秀、别致的作品，让我们的花店销量再创佳绩。

四、教学效果

1. **任务驱动，激发兴趣**

本课通过创设真实的任务情境，激发学生的学习兴趣。

2. **信息技术，增强体验**

泛雅网络教学平台、移动终端、自主开发的"花艺设计"学习软件，创设多元的交互式学习体验。

3. **实践操作，提升能力**

从学生接受胸花设计订单，到开创微店，强调学生通过行动，实现能力的内化和提升。

本项目，学生在胸花设计制作的过程中收获颇多，在愉快的学习氛围中构建了知识与技能的融通体系，达到了预期的教学目标。后续，我们将继续关注各微店胸花的销售情况，跟进指导、完善作品，让我们的胸花美丽你的世界！

附：胸有成竹 开创幸福
——"胸花设计"信息化实训项目教学设计

一、教学基本情况

课题名称：胸有成竹 开创幸福——胸花设计

课程名称：插花

授课形式：信息化教学

授课对象：中职园林绿化专业二年级学生

授课地点：智慧教室

所用教材："十二五"规划教材《插花与花艺设计》（谢利娟主编，中国农业出版社）

授课学时：3课时

教学准备：多媒体教学设备、配套信息资源、网络教学平台、虚拟仿真软件

二、教学设计思路

本课题主要围绕胸花设计创作开展教学活动，根据职业学校学生的特点和认知规律，以"任务驱动、自主探究"为主，整个教学过程依托网络教学平台、"花艺设计"虚拟仿真学习软件等信息化技术手段，提升学生自主学习和动手实践的能力，锻造创新、创造的核心品质。

三、教学内容分析

选用国家规划教材《插花与花艺设计》中的胸花设计教学内容，之前学生已完成了插花的基本技能的学习。依据课程标准、专业岗位需求，对教学内容进行拓展整合，结合"花艺设计"虚拟仿真软件，设计了理论探究、虚拟演练、实践操作三个教学任务，将胸花设计的欣赏、学习、体验和创作有效结合，引导学生循序渐进地掌握胸花设计的技巧，同时潜移默化地渗透育

人功能，树立学生的岗位意识。

四、学情分析

本课授课对象是园林绿化专业二年级的学生。

已有的知识和技能：通过插花基础知识的学习，学生已掌握胸花设计的基本技巧。

学习的态度和能力：学生的思维活跃，学习态度积极认真，因插花为未来岗位的重要技能，学生有着浓厚的学习兴趣和创作愿望。

学习的实际困难：对于胸花设计的创作缺乏空间想象，缺少艺术创造力。

五、教学目标

知识目标：了解胸花设计的基本结构、应用场合、主题创意、色彩搭配、造型设计等基本技巧。

技能目标：运用网络学习平台和虚拟仿真软件学会胸花的创意设计和制作。

素养目标：在创作和审美过程中，渗透育人功能和岗位意识。

六、重点难点

教学重点：胸花设计的构思及制作。

教学难点：胸花造型的创意设计。

七、教法学法

教学方法：情境教学法、任务驱动法。

学习方法：探究式学习、体验式学习、合作式学习。

八、教学策略

借鉴混合式教学理念，有效整合视频、图文、动画等教学资源，依托教学平台和团队自主开发的"花艺设计"仿真模拟软件，为学生创设虚实结合、情景交融的学习环境，促进学生艺术审美体验，激发学生学习兴趣，引导学生自主探究设计，有效解决重难点。

课前，创设情境，引入任务。通过泛雅网络教学平台，向学生布置任务，发布学习资源，学生明确任务，课前进行自主学习，进行合理分组，教师根据学生设计用的花材清单，准备好花材、制作工具等。

课中，学习探究，提升技能。依托网络教学平台和团队自主开发的"花艺设计"仿真模拟软件，有效整合视频、图文、动画、交互软件等教学资源，为学生创设虚实结合、情景交融的学习环境，促进学生艺术审美体验，借助视频、动画等资源把难点知识变得直观易懂，激发学生学习兴趣，引导学生自主探求设计，培养学生创新意识。

课后，拓展延伸，分享快乐。设计成功的胸花作品，直接应用于学校毕业典礼等重要场合，提升学生岗位自信。4 个小组开设微店，接受网络胸花定制服务，比比哪家微店收益好。学生在实践操作中，在具体实际订单中，提升岗位技能。

九、教学流程图

教学流程如图4-9所示。

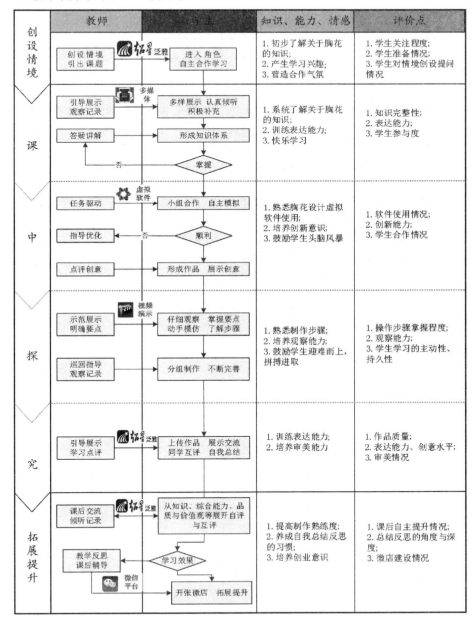

图4-9 教学流程

十、教学过程与方法应用

教学过程与方法如表 4 – 8 所示。

表 4 – 8 教学过程与方法

教学环节	教学过程	教师活动	学生活动	设计意图 技术手段
课前准备 创设情境	【课前准备】 创设情境，平台发布任务：毕业典礼上学长、学姐将作为优秀毕业生代表发言，请为他们各制作一款胸花； 平台发布胸花设计的图片、视频等学习资源，学生完成项目导学单； 合理分组，组成 4 个花店，各自取好花店名字； 做好花材、制作工具的准备	1. 教师在泛雅学习平台发布任务：学校即将举行毕业典礼，为发言的学生设计一款胸花； 2. 教师在平台发布学习资源，教师检查学生项目导学单的学习情况； 3. 引导学生合理分组	1. 学生接受任务，学生讨论如何完成这项任务，并设计初步方案； 2. 学生自主在网络平台学习相关资料，完成项目导学单； 3. 学生进行异质分组	1. 通过真实项目任务，激发学生学习兴趣，为课堂学习做准备； 2. 泛雅学习平台

教学环节	教学过程	教师活动	学生活动	设计意图技术手段
课中探究 任务一："知"先行——合作探究夯实基础	1. 小组展示课前作品，师生讨论点评，引出本课任务； 2. 欣赏一段唯美的胸花创意设计视频，学生合作探究胸花设计的基本要素： 要素1：基本结构 主花、辅花、配叶、装饰等； 要素2：应用场合 胸花适用于庆典仪式、婚丧嫁娶、探亲访友等各类正式场合； 要素3：主题创意 奔放田园风；清新多肉风；麦草乡村风；微甜果实风等； 要素4：色彩搭配 利用色卡搭配图谱，了解主花、辅花、配叶的色彩搭配要求。常用的色彩搭配法有同类色搭配、邻近色搭配、对比色搭配、互补色搭配； 要素5：造型设计 胸花的造型有星点式、三点式、放射式、飘洒式等，遵循"高低错落、疏密有致、上散下聚"的原则	1. 教师在学习平台展示学生作品； 2. 教师播放胸花创意设计视频，引导学生比较探究； 3. 通过图片、视频等学习资料，引导学生明确胸花的基本结构、应用场合、主题创意； 4. 介绍色卡搭配图谱，指导学生色彩搭配； 5. 通过不同造型的胸花，引导学生归纳总结	1. 学生通过作品点评、视频欣赏，合作探究，了解胸花设计的要求； 2. 学生了解胸花的基本结构、应用场合、主题风格； 3. 通过色卡搭配图谱，了解色彩搭配要求； 4. 学生了解造型设计的类型和原则	1. 本环节是学生在本项目成长过程中的认知阶段； 2. 多媒体教学资源

教学环节	教学过程	教师活动	学生活动	设计意图 技术手段
任务二："创"提质——虚拟演练突破难点	1. 结合本课任务，学生使用"花艺设计"虚拟仿真软件进行操作，学生进入"花材库"，根据不同主题，选择不同的花材进行搭配，通过色彩调配、造型调整等，最终确定胸花造型，形成多维立体效果图； 2. 设计完成，学生将作品上传至"作品库"，师生点评，反复修改完善	演练过程中，教师进行巡回指导，课堂答疑，解决本课的教学重点	1. 各小组模拟操作，展示操作成果，并对不足之处进行滚动修改； 2. 学生在酣畅淋漓的体验中感受胸花设计的快乐	1. "花艺设计"仿真模拟软件帮助学生快速进入设计工作状态，突破了花材限制，大大降低设计成本投入。此环节是学生在项目成长过程中的创新阶段； 2. 虚拟仿真软件
任务三："行"有果——实践操作解决重点	教师示范，展示如何制作胸花 作品名称：胸有成竹 应用场合：毕业典礼 主题创意：微甜果实风 主　　花：粉雪山 辅　　花：火龙珠、雾状满天星 配　　叶：南天竹 学生分组制作胸花，小组展示作品，介绍创意风格，并不断完善，完成作品	1. 教师利用多媒体平台，现场直播操作过程，放大操作细节，并通过讲解，让学生更加明确操作要领； 2. 教师巡回指导并拍摄细节照片上传至平台，引导学生不断完善作品	1. 学生观看教师示范操作视频，分组进行操作； 2. 学生根据操作要领，制作完成胸花	1. 检测学生对本课教学内容的掌握程度； 2. 教学视频

续表

教学环节	教学过程	教师活动	学生活动	设计意图 技术手段
总结评价	学生上传作品,并介绍展示作品的主题风格、作品名称、选择花材、特色创意等,小组间交流评价,并通过投票,选出男生款、女生款最佳作品	引导学生上传作品并展示讲解,师生完成课堂评价表,投票选出男生款、女生款最佳作品	学生上传作品并展示讲解,相互点评,投票选出男生款、女生款最佳作品	平台投票
课后拓展 岗位提升	开设微店 四个小组开设微店,网络接受胸花定制服务,比比哪家微店收益好	教师引导学生开设微店,提升岗位技能	学生课后开设微店,接受胸花定制订单,小组 PK 收益情况	微信平台

十一、教学效果

本课教学设计的核心思维是:让专业技能与核心素养、职业能力相融合,促成课堂生态的整体优化,实现教学的意义转向。

1. 任务驱动,激发兴趣

本课通过创设真实的任务情境,激发学生的学习兴趣。学生全程主动参与,自主体验感知,使得开放式任务的完成水到渠成。

2. 信息技术,增强体验

泛雅网络教学平台、移动终端、自主开发的"花艺设计"学习软件让学习无处不在,借助仿真操作,创设了网络化、岗位化和动态化的新型课堂以及更多元的交互式学习体验。学生的知识储备、专业技能、职业素养都有了显著的提高。

3. 实践操作,提升能力

基于能力本位的教育观,课堂的设计始终围绕专业岗位需求,从学生接受胸花设计订单,到开设微店,强调学生通过行动,实现能力的内化和运用。

本项目，学生在胸花设计制作的过程中收获颇多，在愉快的学习氛围中构建了知识体系，达到了预期的教学目标。后续，我们将继续关注各小组所设计制作胸花的销售情况，跟进指导、完善作品，让我们的胸花美丽你的世界！

（本项目为2018年江苏省职业学校教学大赛实训大赛二等奖作品，参赛团队成员为徐榛、朱敏敏、陈坤，指导教师为杨一丹）

案例7　汽车运用与维修——修复秘籍

"拉拔法修复车门面板"信息化教学设计说明

随着社会经济的发展，汽车将进一步得到普及，然而在汽车的使用过程中，难免会遇到剐蹭和碰撞，车身表面会出现不同形态的划伤和凹痕，这时候，要靠我们汽修专业的勇士们出手相助了。他们苦练修复绝技，会使用不同的修复工艺，帮助大家快速修复车身表面的各种损伤。本项目从教学分析、教学策略、教学过程、效果反思四个方面进行说明。

一、教学分析

本课选自中职规划教材《车身修复》，内容为拉拔法修复车门面板，这既是对前面敲击法的知识巩固，也是进入车身修复世界的另一块敲门砖，有助于学生深入认识钣金工种。基于人才培养目标和岗位能力要求，本课将通过信息技术有机整合理论教学、仿真实训、技能实操和岗位实践，力争实现专业课教学的理实一体化。

授课对象为中职汽修专业二年级学生，他们理论基础相对薄弱，但深受工匠精神的熏陶，乐于动手操作，追求精益求精；他们酷爱竞技游戏，喜欢在实践中探索新知；他们渴望师傅倾囊相授，不断精琢修复工艺，力求青出于蓝而胜于蓝。

依据课程标准，结合职业岗位需求，确立如下三维教学目标。

知识与能力：会利用信息资源制定规范的维修方案；会使用拉拔工具修复车门面板。

过程与方法：通过课前自主学习、课中合作互助、课后延伸拓展，提高学生分析、解决问题的能力；通过仿真实训、技能实操，能有效运用拉拔法修复车门受损区域，完成学习任务。

情感态度与价值观：能在完成任务中加深对职业的认同感；逐步培育精

益求精、严谨专注的工匠精神。

根据学生认知规律和现有基础，确定本课教学重点为确定车门受损区域；车门修复质量的检验。难点为拉拔工具的规范使用。

二、教学策略

在传统教学环境下，学生在实训室反复动手操练的机会相对较少。枯燥的课堂理论讲解，光说不练的纸上谈兵，形成了"闭门修炼"的教学困境。

根据教学需求，我们改变了以往黑板上种庄稼的传统，综合运用免费共享的教学平台、自主开发的仿真实训软件、方便快捷的移动终端，创设企业工作情景，以实际任务为主线，带领学生体验奇妙的技能竞技之旅。

三、教学过程

本项目聚焦真实任务，发挥技术优势，以竞技游戏场景进行布局，以技能闯关升级为主轴，将真实项目与虚拟闯关有效结合。师傅领进门，徒弟们的修行在自主学习与团队合作中不断飞跃。

1. 情境创设

课前，学生在云班课上领取任务，一是完成对本项目的知识能力储备调查问卷，了解职业需求和学生能力现状的差距，明确学生发展基点。二是教师通过网络发布企业真实任务，学生利用云班课资源库，通过收集、整理、分析相关资料，完成任务书，为课堂学习做好知识和技能的准备。

2. 学习探究

通过调研活动和情景创设，学生对拉拔法修复车门具备了初步的好奇心和探知欲。走进课堂，课程的展开水到渠成。

学生登录教师团队自主开发的仿真实训软件，点击"修复秘籍"，观看修复十二式，即拉拔法修复车门面板的十二个关键步骤，学习拉拔法的操作规范，修复工艺参数的选择，以及如何正确、规范检验修复质量，了解本课要"做什么"，明晰学习任务。点击"功法要诀"，进行小组合作学习，掌握拉拔法修复车门面板的操作要点。以精确定损为例，软件通过整合文字图片、操作视频和仿真动画多维展示了定损的方法和流程，化繁为简地帮助学生掌握教学重点，强化本课程的学习情境和现实意义，也为下面的仿真实训和技能实操做好铺垫。

3. 仿真实训

针对学生动手操作机会不足的困境，我们的仿真实训软件以竞技游戏攻关的形式让学生体验工作情境，让每位学生在做中学，练中思。游戏闯关的过程也是技能升级的过程。进入实战闯关，修复十二式，对每一式均进行实战演练，每一式均要过关升级。以学习多位拉拔为例，点击工具库，选择正确的工具到正确的位置，进行规定步骤的操作，软件会识别为"闯关成功"，进入下一关；如果工具选择错误，拉拔的位置错误，步骤错误，软件会识别为"闯关失败"，重新开始。同时系统将弹出知识标签，提示正确的操作规范。游戏情景下的实战演练让枯燥无味的技能学习变得充满趣味性，摆脱了传统教学中图片、视频中只看不做的问题，从而化解了教学难点。

4. 技能实操

在现场动手技能训练的基础上举办"技能擂台"，比一比哪一组完成得最快最好，教师全程监控、观察，发现问题，及时解决，并做好相应记录。通过竞赛，以点带面，提升了学生的竞争力。学生在虚实结合的仿真实训、技能实操中有选择的自由、有目标的奋斗、有竞争的合作，保证了教学效果的深度达成。

课中，教师将汇聚学生具有代表性的问题，适时进行释疑解难，同时连线企业师傅，由企业师傅在工作现场为学生进行技术讲解，并参与学生的交流讨论。在现代学徒制理念下，双导师携手，校企多边互动助力学生专业发展，有效地完成了教学任务。

5. 总结点评

最后，教师选择学生技能实操过程中的典型问题，通过视频回放进行点评，师生互动总结得失，并结合学生小组评价、仿真实训和技能实操积分，评选出各小组首席弟子，教师颁发"首席弟子令"，获得者具备了助教的资格，可以代师传艺。学生根据自己的积分了解自己的优势与不足，同时也为教师解决课堂深层问题和改进教学提供了可靠的依据。

6. 拓展延伸

学生到校外实训基地，协助企业师傅完成一次车身修复任务。通过真实环境下的岗位实践，培养了学生的实际工作经验，提升了学生的职业技能，也为学生今后从事本岗位工作打下坚实基础。

四、效果反思

信息是海洋，它蕴藏着无穷的宝藏；技术是生命，它凝结着无穷的智慧。信息与技术的融合，推动着现代科技迅猛发展。当信息技术带着独有的魅力走进课堂，文字、语言、图片、视频、动画融于一体时，我们惊喜地发现：汽修课堂也可以虚实结合、动静相生、多维展示、多边互动。借助任务主线、仿真操作和竞技实训，创设了网络化、岗位化和动态化的新型课堂以及更多元的交互式学习体验，学生的知识储备、专业技能和职业素养都有了显著的提升。"生命不息、攀登不止"，我们立志将学生培养成具备工匠素质的汽修专业有用人才。

附：修复秘籍之拉拔法修复车门面板

一、教学基本情况

授课内容：车门面板的修复（选自项目二"车身轻微损坏的修复"任务八）

所选教材：《车身修复》（郭有瑞主编，江苏省国示范学校重点建设专业系列教材，江苏教育出版社）

授课对象：中职汽车运用与维修专业二年级学生

课时安排：4课时（相连）

二、教材分析

所选教材是《车身修复》，是由郭有瑞主编，江苏教育出版社出版的。本书是江苏省国示范学校重点建设专业系列教材，该教材无论在体例设计与逻辑架构上，还是在内容构成与呈现形式上，皆是务实与创造并重、规范与创新兼备。教材内容选择紧扣产业发展与企业用工需求，内容呈现方式也更加灵活，为教学活动提供了更为广阔自由的空间。同时"车身修复"课程是汽修专业钣金技术的一门必修课，教材主要分为3个项目：车身钣金基础、车身轻微损坏的修复和事故车的修复技术。以学生的就业为导向，从典型工作任务出发，分析车辆损坏的研究方向，确定学习内容，并设计其学习情境，构建工作过程的项目教学方案。车身修复在整个汽修专业钣金技术的学习中起着非常重要的作用。

三、学情分析

本课的教学对象为汽车运用与维修专业中职二年级学生，他们有着良好的信息素养，有一定的汽车构造专业知识基础和维修技能，但逻辑思维和空间想象能力偏弱。他们酷爱竞技游戏，喜欢在游戏中探索新知，他们深受工匠精神熏陶，乐于动手操作，追求精益求精；他们不喜欢以教师为主的一言堂、一本教材、一张黑板的沉闷的教学模式，喜欢自主学习和团队合作的课堂氛围。在专业技能课方面，他们喜实践厌理论，欠缺对问题的分析、解决、总结、归纳的能力。

四、教学资源

教师团队利用蓝黑云班课 App 创建了"车身修复"云班课，并自主开发了车身修复仿真实训软件，将文本资料、图片、操作资源、课外拓展素材等多种资源整合成视频、动画、文字等资源板块，学生可以随时、随地、随需地进行碎片化学习，创设了"拆掉围墙的智慧教室"的教学环境。

五、教学目标

1. 知识与能力

会利用信息资源制定规范的维修方案；会使用拉拔工具修复车门面板。

2. 过程与方法

通过课前自主学习、课中合作互助、课后延伸拓展，提高学生分析、解决问题的能力；通过仿真实训、技能实操，能有效运用拉拔法修复车门受损区域，完成学习任务。

3. 情感态度与价值观

能在完成任务中加深对职业的认同感；逐步培育精益求精、严谨专注的工匠精神。

六、教学重难点

教学重点：确定车门面板受损区域；车门修复质量的检测。

教学难点：拉拔工具的规范使用。

七、教学策略

设计思路：汽修专业学生对于竞技游戏、动手实践有着很高的心理需求，因此教师团队自主开发了车身修复仿真实训软件，将技能学习融入闯关升级活动中，与理论学习、技能实操共同构成虚实结合、理实一体的课堂教学，让学生实现做中学、练中思。

教法：根据职业学校学生的特点和认知规律，采用理实一体化教学模式，大胆突破以往理论与实践相脱节的现象，全程构建学生素质和技能培养的模式，丰富课堂理论教学和实践教学环节，综合应用任务驱动法、问题设疑法、示范观摩法等教学方法引导学生的学习、竞技之旅，培养学生自主学习和动手实践的能力。

学法：本项目聚焦真实任务，发挥技术优势，鼓励学生采用自主探究、合作学习、仿真实训学习，以竞技游戏场景进行布局，以技能闯关升级为主轴，课前、课中、课后整体联动，真实项目与虚拟闯关紧密结合，充分体现了信息化环境下群体协作的精髓：开放、合作、平等、共创、共享。

八、教学实施过程

教学实施过程如表4-9所示。

表4-9 教学过程

环节	教学内容	教师活动	学生活动	设计意图
情境创设	学习任务单 1. 预习各类教学资源； 2. 了解企业真实任务； 3. 开展相关调查	1. 教学平台下发学习任务单； 2. 组织学生自主预习各类教学资源； 3. 组织学生开展岗位需求和能力储备调查； 4. 创设企业真实任务，根据学生能力、特长调整学习小组分组安排	1. 接受平台任务； 2. 自主学习各类教学资源，分析企业真实任务，提出相关疑问； 3. 对汽车修理企业进行岗位能力需求调查和本班学生知识、能力储备调查，进行结果分析； 4. 就本实训项目进行组员调整，角色扮演：选出组长、记录员、维修员等	了解企业需求和学生的能力现状，确定发展基点和发展空间，由此确定教学重点难点

续表

环节	教学内容	教师活动	学生活动	设计意图
学习探究（25分钟）	1. 视频资源：车身修复流程（车身修复秘笈"十二式"）； 2. 功法要诀：车身修复过程中的重点、难点、要点提示（判断损伤、工器具使用、参数调整、拉拔方法、修复质量检测、5S整理等）	1. 通过电脑或手机端进一步发放学习资料，创设课堂学习环境； 2. 组织学生观看"车身修复"视频资源，学习"功法要诀"，引导学生开展对拉拔法修复车门操作要点的小组合作学习、合作探究活动； 3. 开展理论精讲、析疑解难，检测学生对拉拔法修复车门面板操作要点的掌握情况，并适时评价总结	1. 展示课前学习结果，并反馈相关疑问； 2. 根据各小组的预设任务情况，思考"做什么，怎么做，做到怎样"； 3. 登录仿真实训软件，点击"修复秘笈"，观看"车身修复"视频资源；点击"功法要诀"，小组合作学习、合作探究拉拔法修复车门面板的操作流程及注意事项	改变以往教师对学生"灌输式"教育，而是通过小组合作学习、合作探究形式，让学生自己探究、领悟，提升学生自主学习能力、自我探究能力
仿真实训（50分钟）	仿真任务：一汽车发生碰撞，左侧前门出现轻微损伤，需修复	1. 利用仿真实训软件分组预设车门修复仿真任务，提出修复要求； 2. 组织学生以小组为单位开展仿真实训——实战闯关活动； 3. 全程观察学生的仿真实训，做好相关记录，适时进行释疑解难	1. 各组利用各类学习资源，综合判断本组预设任务情况； 2. 利用仿真实训软件开展仿真模拟实训，熟悉拉拔法基本操作流程及注意事项； 3. 结合仿真实训，反馈相关疑问，连线企业专家，探讨车门修复问题； 4. 开展组内互相评判、交流，并做出自我总结	通过仿真任务引领，让学生带着兴趣和思考进入技能学习过程，发展思维、判断、协作等能力

环节	教学内容	教师活动	学生活动	设计意图
技能实操（90分钟）	车门面板修复实操：修复"十二式"；技能擂台：1. 开展技能竞赛活动，调动学生学习的积极性；2. 每个学生都是课堂的主人，体验评委的角色	1. 创设技能实操场景：汽修车间、受损车门、修复设备、工量具、劳保用品等；2. 指导学生分组开展技能实操训练，随时记录，适时示范，科学纠错；3. 组织开展技能擂台赛，分发竞赛任务，主导竞赛过程，组织相关学生参与作品评判；4. 网络连线企业专家为学生进行技术讲解，并参与学生的交流讨论	1. 采用小组合作形式，演练"怎么做"，适时利用学习资源和教师示范，提升自身知识与技能操作基础；2. 按照车门面板修复流程及要求，进行组内动员，做好竞赛准备；3. 小组合作，共同参与，既当运动员，又当裁判员，既当竞赛助理，又当教练员；4. 参与竞赛评审，学习优秀，找出差距，反思反馈，总结巩固	技能实操过程体现课堂教学的生成性原则、层次性原则、企业工作仿真性原则，从而提升学生技能初学能力、小组协作能力，提高岗位责任心。同时通过竞赛活动体验竞技状态，培养团队意识和能力，提升职业素养
总结点评（15分钟）	1. 多元多维评价：组内自评、互评，填写《学习评价表》；2. 过程考核：教师点评，颁发"首席弟子令"	1. 下发《学习评价表》；2. 视频回放学生技能实操典型情况，组织学生自评、互评；3. 教师在自评、互评基础上点评，颁发"首席弟子令"，开展小组评比活动	1. 各小组将操作过程中遇到的问题以及解决的方案进行总结，进行分享；2. 学生认真填写《学习评价表》，开展自评、互评；3. 评出"首席弟子"，小组排名投票	学生自评、互评可培养学生的评价分析、语言表达能力和互相学习能力
拓展延伸	巩固知识，拓展任务1. 学生填写实训报告；2. 布置拓展任务	1. 教师对本次实训项目知识、技能进行小结；2. 组织填写实训报告；3. 布置拓展任务（进入校外实训基地，完成一次真实修复任务）	1. 做好理论学习、技能训练记录；2. 填写实训报告；3. "首席弟子"委派本派弟子（组员）完成任务；4. 拓展任务构思实践	根据小组能力，提出不同的要求，体现分层教学理念

九、效果反思

1. 收获

第一，信息技术赋予课堂更深远的意境。当信息技术带着独有的魅力走进课堂，文字、语言、图片、视频、动画融于一体时，我们惊喜地发现：汽修课堂也可以虚实结合、动静相生、多维展示、多边互动。

第二，在"修复秘笈之拉拔法修复门板面板"课堂中，师生形成"发展共同体"，共享"车身修复"蓝墨云班课和"车身修复"仿真实训软件，从而打破了课堂的时空局限，理论课堂与实训课堂交互，真实课堂与虚拟课堂结合，师生的教与学从此不再拘泥于教室这一方狭小天地。

第三，借助任务主线、仿真操作、竞技实训和岗位实践，让学生获得主动赢得未来的能力，专业技能有了用武之地。在知识传递、吸收内化、输出展示的过程中，学生的知识储备、专业技能、职业素养都有了不同程度的提升。

2. 审视

本课所利用的"车身修复"蓝墨云班课 App 中学习资源还不够丰富，自主开发的"车身修复"仿真实训软件还不够完善，希望能在日后教学活动中不断充实学习资源，并积极向兄弟学校汽修专业教师学习，拓展教学平台资源及仿真实训软件，以发挥信息化对教育教学的作用。

3. 对策

利用网络与学生保持互动，深入他们的学习空间，探寻他们的所思所想，经常给予激励性评价，长期坚持，必有奇效。我们坚信只要努力，定会将学生培养成具备工匠素质的汽修专业有用人才。

（本项目为 2016 年江苏省职业学校教学大赛信息化教学设计比赛一等奖作品、南通市信息化教学大赛一等奖作品，参赛团队成员为袁兵、杨一丹、吴丽丹）

案例 8　保安——家园卫士

"初期火灾扑救的基本方法"信息化教学设计说明

本项目主题是"初期火灾的处理"之"初期火灾扑救的基本方法"，选自吴志坚、楼洪昌主编的教育部职业教育与成人教育司推荐教材保安专业教学用书《消防安全基础》，来自泛雅课程——家园卫士系列。做这样的课程，基于以下两点理由。

一是考虑到专业。

《消防安全基础》是保安专业的必修课程。保安的职责就是保卫，今后从事的工作不管是在公司还是小区，都要有一种保卫家园的意识，打造过硬技能，勇当家园卫士。由于专业的缘故，他们对"保卫""卫士"等词特别敏感。为此给学生冠以"家园卫士"头衔，将课程命名为"家园卫士"系列，让学生倍感亲切，也激发了学生的使命感与角色意识。

二是考虑到学情。

本次授课对象是职业学校一年级的学生，这群接近"00后"的男孩子，性格外向活泼，可塑性强，但是学习主动性不高，传统的授课模式并不受他们欢迎，他们更喜欢自己操作，自己体验，在这样的情况下，教师教法得当与否效果的差别如同天壤。同时，这些学生伴随着信息时代成长，是信息技术的原住民，能熟练运用PC移动终端进行自主学习和小组协作学习，传统的教学模式显然已经跟不上信息化时代的步伐，我们的课堂正发生着一场深刻变革。

物联网技术让教育走向感知，于是一种体验式教学方式应运而生，教师借助泛雅网络教学综合服务平台将教学内容以系列的形式呈现，充分利用各种信息技术，积极创造各种教学情境，使学生在亲历和体验过程中，充分感知、感受、感悟，进而获得知识、提高能力、生成情感，实现了让学生"换一种方式学习"的目的。

本课教学想要达到以下目标。

知识目标：掌握初期火灾扑救的基本方法；熟悉不同火灾现场应采取的不同扑救方法。

能力目标：理论与实践相结合，学生能根据不同场所发生的火灾采取不同的灭火方法进行有效的处理。

情感目标：激发学习消防安全知识的兴趣；树立保卫家园的意识。

重点是熟悉灭火方法，知晓操作技能；难点是明确扑救要义，进行职业体验。

一、观看视频，导入主题

回顾新闻案例，敲响防火警钟！这里采用视频呈现的方式，可起到更好的警示作用，将认知对象以可视化图片、视频形式表达，可有效促进全脑思维，带来强烈冲击。看到一次次惨烈的火灾事故，学生们的心情是沉重的。任何火灾都有初起时，都有来得及挽救的时候，如果我们能够懂得初期火灾的处理，那一个个悲剧就可以避免，学生们的责任意识被唤醒，在此基础上导入新课水到渠成。

二、微课重播，弄清概念

预习的重要性超乎我们的想象，教师制作"微课资源包"上传泛雅平台，其实就是在数字化环境的支撑下帮助学生高质量做好预习工作，将课堂上的互动引向更高层次，这也是顺应信息技术、移动终端发展的潮流。我在微课资源包中整合了基本概念、灭火方法演示、消防案例、相关拓展内容等，短短几分钟的呈现，也会让学生饶有兴趣地研究好久。这也是翻转课堂理念在本课中的体现，到了课堂上，我们只需要对学生前置学习的内容进行复习检测，将更多的教学时间聚焦于教学重点和难点。

三、重点内容，动画呈现

动画的世界充满爱与希冀，在当下影像技术盛行的年代，动画早已不是儿童的专利，而是有其自身特殊的存在意义。毋庸置疑，一个画面精美、生动活泼的 Flash MV 短片，比其他形式更能吸引学生的眼球。这里，教师将灭火的基本方法，如冷却法、窒息法、隔离法、抑制法以动画的形式呈现，让枯燥的理论焕发出生命活力，学生们不仅知道了现象，更了解了原理和用法。理论是灰色的，但生命之树长青。

四、游戏方式，模拟实训

仿照动画片《消防员山姆》设计消防员山姆救火游戏。一个叫"平安镇"的地方其实并不太"平安"，消防英雄山姆和他的同事们每天都要解决小镇居民的各种突发状况，执行系列安全救援任务。游戏巧妙地将消防安全知识融合到一个个幽默诙谐、妙趣横生的故事中，提供独特的游戏体验，学生扮演消防员参与救火行动，在快乐闯关的同时学到重要的消防安全知识，一举两得。

五、真刀真枪，实战技能

结合学生关注的热门综艺节目《奔跑吧，兄弟》，将其改编成"奔跑吧，消防员"仿真实训，实则是一场"消防技术大赛"，参赛的消防员们必须迅速接好消防水带、水枪，并铺开水带奔向起火地点，对准假设起火点，摆好姿势，进行灭火。以小分队竞争的形式，各选一位队长，获胜方的队长晋级为指挥官。每组消防员们通力合作，使整个灭火过程紧张而又有条不紊，上演了一场消防版"奔跑吧，兄弟"。这种"实战体验"教学模式，以真实灵活的项目为载体，引导学生体验专业技能。

六、在线测试，总结提升

实战结束，意犹未尽的学生登录学习平台，进行在线测试，这种测试是在课程教学过程中实施"形成性评价"的利器。学生们根据本课所学在有效时间内进行答题，结束后系统会自动运行事先设置好的批改程序，学生当场就能收到反馈信息，及时地了解学习效果；教师也能看到成绩统计分析，作为调整下次教学内容的依据。

课堂教学已近尾声，但是学习远没有结束，各小组通过 CSCL 合作对本课的知识体系进行归类汇总，与教师交流，形成本组的学习资源包，随后发送至教师邮箱，教师审核修改后放入泛雅平台课程中，完善学习资源库的建设，学生可以使用电脑或其他移动设备随时浏览阅读并下载。

整个教学全程贯穿的是泛雅网络教学综合服务平台。该平台的使用让"课内"与"课外"结合，"教学"与"自学"相伴，"传授"与"活动"同行，"知识"与"能力"并举。学生利用教学平台进行学习，教师借助平台与学生互动，其间没有机械冰冷的灌输，只有灵魂深处的共鸣；没有面对面的训导，只有肩并肩的奋斗，让学生充分理解教材内容、体验职业情怀，自信、从容地踏上人生、职业之旅。

附：家园卫士
——"初期火灾扑救的基本方法"信息化教学设计

一、教学基本情况
施教班级：14E05
上课时间：5 月 15 日
授课学时：2 课时

二、教学目标

知识目标：掌握初期火灾扑救的基本方法；熟悉不同火灾现场应采取的不同扑救方法。

能力目标：理论与实践相结合，学生能根据不同场所发生的火灾采取不同的灭火方法进行有效的处理。

情感目标：激发学习消防安全知识的兴趣；树立保卫家园的意识。

三、教学重点难点

教学重点：火灾扑救的基本方法。

教学难点：火灾扑救方法在实际工作中的应用。

四、教法学法

讲解、演示、讨论、分析、实训、测试。

五、教学手段

多媒体教学、白板教学、游戏教学、泛雅平台。

六、教学过程

教学过程如表 4 – 10 所示。

表 4 – 10　教学过程

教学环节	设计意图	教学活动		
		教师活动	学生活动	教学设备
观看视频 导入主题	这里采用视频呈现起到更好的警示作用，将认知对象以可视化图片、视频形式表达，可有效促进全脑思维，带来强烈冲击	1. 播放视频：回顾新闻案例，敲响防火警钟； 2. 深情导入：任何火灾都有初起时，都有来得及挽救的时候，如果我们能够懂得初期火灾的处理，那一个个悲剧是不是就可以避免	认真观看视频，带着沉重的心情思索问题	视频教学

续表

教学环节	设计意图	教学活动		教学设备
		教师活动	学生活动	
微课重播 弄清概念	运用翻转课堂的理念，其实也是在数字化环境的支撑下帮助学生高质量做好预习工作，这更是顺应信息技术、移动终端发展的潮流	1. 微课重播：复习微课针对的是关键点，并设置竞答题目，了解学生的自学情况； 2. 教师点拨：这个时候的点拨是帮助学生解决自学疑难的"点睛之笔"，课前的学习加课后的复习，一些简单的基本概念就弄清楚了	1. 观看微课； 2. 小组竞答：这样的方式不仅有效检查了预习情况，更激发了学生的竞争意识，可以调动学生学习的兴趣	泛雅平台
重点内容 动画呈现	一个画面精美、生动活泼的 Flash MV 短片，比其他形式更加吸引学生的眼球	将灭火的基本方法，如冷却法、窒息法、隔离法、抑制法以动画的形式呈现，让枯燥的理论焕发出生命活力，让学生们不仅知道了现象，更了解了原理和用法	1. 学生观看灭火方法动画； 2. 小组讨论各种灭火方法的使用场合	Flash 动画
游戏方式 模拟实训	游戏巧妙地将消防安全知识融合到一个个幽默诙谐、妙趣横生的故事中，提供独特的游戏体验	教师仿照动画片《消防员山姆》设计消防员山姆救火游戏，"平安镇"消防英雄山姆和同事们每天都要解决小镇居民的各种突发状况，执行系列安全救援任务	学生扮演消防员参与救火行动，让学生在快乐闯关的同时学到消防安全知识，形成团队协作意识，一举三得	游戏教学

续表

教学过程				
教学环节	设计意图	教学活动		
		教师活动	学生活动	教学设备
真刀真枪实战技能	结合学生关注的热门综艺节目《奔跑吧，兄弟》，将其改编成"奔跑吧，消防员"仿真实训	教师组织"消防技术大赛"	1. 参赛的"消防员们"必须迅速接好消防水带、水枪，并铺开水带奔向起火部位，对准假设起火点，摆好姿势，进行灭火；2. 以小分队竞争的形式，将学生分为两队，各选一位队长，获胜方的队长晋级为指挥官	仿真实训
在线测试总结提升	在线测试，是在课程教学过程中实施"形成性评价"的利器，能有效帮助学生收到学习反馈信息	1. 教师实现设置在线测试程序；2. 学生答题情况可作为调整下次教学内容的依据	学生登录学习平台，进行在线测试，根据本课所学在有效时间内进行答题，结束后系统会自动运行事先设置好的自动批改程序，学生当场就能收到反馈信息，及时地了解学习效果	泛雅平台
资源补充课后拓展	泛雅平台的学习贯穿始终，教师调动学生一起将资源库补充完善。学生更有成就感，教师今后的教学也更有针对性	教师审核学生上传的内容，修改补充后放入泛雅平台课程中，完善学习资源库的建设，提供给学生下载，学生可以随时浏览阅读，课后深化拓展	各小组通过 CSCL 合作对本课的知识体系进行归类汇总，形成本组的学习资源包，发送至教师邮箱	泛雅平台

七、教学反思

本课教学，全程贯穿的是泛雅网络教学综合服务平台。该平台的使用让"课内"与"课外"结合，"教学"与"自学"相伴，"传授"与"活动"同行，"知识"与"能力"并举。学生利用平台进行学习，教师借助平台与学生互动，其间没有机械冰冷的灌输，只有灵魂深处的共鸣；没有面对面的训导，只有肩并肩的奋斗，让学生充分理解教材内容、体验职业情怀，自信、从容地踏上人生、职业之旅。

（本项目为 2016 年南通市职业学校教学大赛信息化教学设计比赛一等奖作品，参赛团队成员为黄蓉蓉、杨一丹、黄菊华）

案例 9 车身修复——决胜"焊武帝"

"焊条电弧焊之平板对接立焊"信息化实训项目教学设计说明

在汽车制造业蓬勃发展的今天，焊接技术作为一种重要的工艺方法在汽车制造与维修中得到了广泛的运用，其中设备简单、操作灵活的焊条电弧焊运用尤为广泛。培养"精雕细琢 精益求精"的现代工匠是实训教学的出发点和落脚点。本项目主题是"决胜'焊武帝'——焊条电弧焊之平板对接立焊"，将从教学分析、教学策略、教学过程、教学效果 4 个方面进行说明。

一、教学分析

1. 教学内容

本课内容选自汽车运用与维修专业核心课程"车身修复"车身钣金基础教学内容，教学时长为 4 课时。基于工学结合任务及汽修领域主要焊接技术需求，教师将焊条电弧焊中平板对接立焊作为主要教学内容，并加以拓展整合。

2. 学情概括

中职汽车运用与维修专业二年级学生已经掌握了焊接基础知识，具备了气体保护焊、电阻点焊等焊接技能，能够使用常用的钣金工具，对于企业的真实任务兴趣十分浓厚，但自主探究能力不足，在规范操作和安全意识方面有待提高。

3. 教学目标

根据中等职业学校专业教学标准和人才培养方案，结合以上分析，我们制定了以下教学目标。

知识目标：掌握焊条电弧焊立焊的操作步骤及焊接工艺参数的选择。

技能目标：掌握规范的立焊操作手法及姿势，能熟练控制焊接电弧及金属熔滴。

素养目标：能形成规范的操作习惯，强化安全意识，培养专业核心素养。

根据学生认知规律和现有基础，确定本课教学重点为掌握焊接工艺参数的选择，教学难点为控制焊接电弧及金属熔滴。

二、教学策略

以体验式学习理论和自身认知理论为基础，整合学习平台、三维动画、3D 立体视觉焊接模拟系统等信息化手段展开教学，构建云教学"私人定制"的新形态，力求打造做中教、做中学的理实一体化课堂，学生在高仿真的模拟环境下进行沉浸式技能训练，让学习真正发生，有效解决教学重难点。

三、教学过程

1. 创设情境（课前）

我校采用"校中厂 厂中校"的形式引企入校，建有汽修实训教学工场，实施专业企业一体化管理。本课将教学工场接到的真实维修任务转化为教学项目。

学生登录学习平台领取项目任务单，查看本次任务的客户需求表，观看微课预习焊条电弧焊立焊操作规程等基础知识，完成平台课前学习测试，教师根据平台统计分析，了解学生的课前学习情况。

2. 学习探究（课中）

走进课堂，教师播放案例视频，学生明确工作任务，由此引出本课课题。

任务一：立焊规范操作的流程（夯实基础）

规范的操作流程是完成焊接实训任务的基础。根据工作任务需要，结合课前自主学习内容，各小组完成立焊规范操作流程的思维导图并分组展示，教师对存在问题进行重点讲解，巩固课前导学知识。

基于学生现阶段的焊接水平，直接进行实操会造成耗材浪费，也存在安全隐患，所以采用 3D 立体视觉焊接模拟系统规避安全风险，提高实训效能。企业导师戴上 3D 立体头盔，向同学们示范如何使用焊接模拟设备进行仿真练习。

学生进入焊条电弧焊模拟训练系统，通过"手把手"学习环节，让规范操作流程内化于心，外化于行。根据虚拟场景中提供的"引导焊枪"，按标准操作步骤学习立焊操作规范，熟悉各操作步骤的技术要领。

熟悉流程后，学生通过三维动画游戏进行焊接规范闯关，检验学习效果。

任务二：立焊工艺参数的选择（突破重点）

焊接工艺参数的选择直接影响焊接质量，是学生掌握焊接技术的重点。学生进入焊条电弧焊模拟训练系统，在焊接初级课程中，学习如何根据不同的钢板厚度、焊接位置等具体情况，选择合适的焊条直径、焊接电流等工艺参数。

学生分组进入"自由训练"模拟环节，进行高仿真沉浸式互动训练。根据系统给出的焊接环境，构件的厚度、材质，调节焊接电流、电弧电压、焊接速度等，进行试焊训练。系统会给出实时反馈，如焊接电流过大，会出现焊穿板件的问题。学生在反复训练中，可掌握如何选择合适的焊接工艺参数，有效突破了本课重点。

学生再次进入三维动画游戏，在不同工作情境下，进行焊接工艺参数选择测试，巩固学习效果。

任务三：焊接电弧及熔滴控制（解决难点）

如何控制焊接电弧及金属熔滴是立焊操作的难点，如果操作不当，容易引起焊瘤、焊穿、咬边等焊接缺陷。教师根据实训需要，在学习平台——历届学生作品资源库中选取了 3 个焊条电弧焊缺陷案例，引导学生思考如何避免产生焊接缺陷。

学生进入"情境训练"仿真环节，进行工作任务真实模拟。通过立体画面直观识别焊枪与焊件的空间距离，充分感受真实的触碰力反馈效果，精准快速地操作虚拟焊枪。系统对学生操作过程中的运动弧长、焊枪与构件角度、焊枪速度等数据进行实时记录和反馈，在学生操作错误时进行提醒。学生根据系统提供的实时焊接数据的图形化提示，及时纠正运弧时的手部动作、行走速度、行走角度。通过人机智能互动，学生感受到真实的焊接过程，实现熟练控制焊接电弧及金属熔滴的教学目标，有效解决教学难点。

系统对学生仿真实训进行实时评分，并将评估结果传送至数据库。学生能清楚了解自己的学习情况，进行有针对性的重点练习。

3. 实操训练（课中）

那么如何规范地进行立焊实操呢？为强化操作规范，由教师进行关键步骤的标准示范。示范过程进行多角度实时录播，供学生学习参考。

第一环节：安全检查

第一，检查焊机等设备状态，检查接头是否接触良好，搭铁、焊钳是否松动，电缆是否破损。

第二，检查钢板、焊条、清渣锤、钢丝刷、钢直尺等是否备齐，检查工作服、手套、面罩等有无损坏。

第三，牢记焊工操作时应遵循的安全操作规程，在作业中贯彻始终。

第二环节：焊前准备

第一，为保证焊接质量，对钢板除锈、去油污、划线，见金属光泽。

第二，调整焊接支架至眼睛平高位置，锁紧螺栓；将钢板夹紧在支架上，焊缝间距为 1—2mm。

第三，穿上焊接服、焊工鞋、焊接护腿，护腿盖住鞋盖；戴好防尘口罩，戴焊接面罩，调节松紧度与头部吻合；戴焊接手套，手套不要有油污、不可破漏。

第三环节：参数选择

第一，钢板为 Q235 钢板，根据钢板厚度选择合适的焊条，板件 8 mm 厚，选 ϕ3.2 mm 酸性焊条。

第二，选用 ZX7 - 315 型焊机，打开焊机电源开关，根据钢板厚度调节焊接电流，调至 85—100A（安培）；取下搭铁，将搭铁夹至钢板，检查是否松动。取下焊钳，将焊条夹紧。

第四环节：施焊过程

第一，施焊开始，人体呈站立姿势，左脚在前，调整个人与工件的距离，便于操作和观察熔池。操作中右手胳膊肘悬空正握住焊钳，采用短弧焊接，适时调整焊条角度，控制熔池温度，防止铁液流淌。焊条划擦引弧，进行试焊，根据火花强度适当调节电流。

第二，开始试焊，在距试件下端 20 mm 处引燃电弧，当电弧引燃后，下拉电弧至试件起焊位置，调整焊条角度使前进角成 85°左右，工作角成 90°。焊条采用短弧锯齿形由下往上均匀摆动，电弧摆动到两侧注意适当停顿。摆动幅度等于焊条直径的 3—5 倍，向上移动间距为 2—3 mm，后一焊道覆盖前焊道 2/3。

第三，焊接过程中注意观察熔池形状、大小变化，灵活调整焊条角度、运条速度，以免产生焊瘤、焊穿、咬边等缺陷。随着焊接持续进行，钢板及熔池的温度越来越高，焊条前进角由下向上逐渐减小。焊至钢板上端熔池温度最高，进行收尾处理，用短弧焊接，直至填满弧坑。

第五环节：焊后检验

第一，焊缝清理。焊完焊缝后用清渣锤清理焊渣，用钢丝刷进一步将焊渣、焊件飞溅物等清理干净，清渣时戴好护目平光眼镜。

第二，质量检验。检查焊缝外观质量。在搬运及翻转焊件时，注意防止手脚压伤或烫伤。

第三，清理现场。练习结束后，整理工具设备，关闭电源，清扫现场，做到安全文明生产，并填写记录表。

教师实操示范刚刚结束，性急的学生就要到操作台前进行实践操作，教师及时进行安全教育，展开安全检查，让学生牢固树立安全意识，在实际操作中，遵守操作规程。

结合项目任务单要求，各组在组长的协调指挥下，分工合作，完成立焊任务。在实训过程中，一位学生操作，另外三位学生对照评分标准进行评价，相互点评纠错，四人岗位轮换，在做中学、学中做，通过不断地学习、尝试、反思、修正，循序渐进地夯实岗位技能。各工位的摄像头对学生操作全程录像，方便学生课后自检。学生在操作中遇到疑问，可以反复观看教师操作视频，也可以小组讨论自主寻求解决之道，教师和企业导师巡回指导，实时点评。

实训结束后，学生参与"大家来找碴"游戏，观看各组实操视频，对视频中的不规范操作进行纠错，教师和企业导师分别进行教学总结和技能点评，再次巩固本课的教学重难点。最后根据实训评分标准进行自评和互评，本次实训得分最高的学生被评为"焊武帝"，师生分享"精雕细琢 精益求精"的工匠精神，为本课画龙点睛，为成长积蓄力量。

4. 拓展延伸（课后）

课后，由评选出的"焊武帝"和企业导师共同完成本次真实任务，完成货车车厢箱板的焊接，其他同学观看、学习、点评，完成课后巩固练习，对学习上的困惑在平台交流空间与教师交流，并分享自己的学习心得。

四、教学效果

当现代信息技术与传统焊接工艺相碰撞，实训教学模式和学习方式也在不断地更迭升级。本课依托学习平台和3D仿真实训系统等智能信息化手段，

171

帮助学生完成知识建构和技能提升；通过全场景过程化数据管理，进行教学诊断与改进，循序渐进完成实训教学；通过沉浸式仿真实训突破了环境、设备、安全等限制，教学过程与工作过程有效对接，真正实现了精准教学和个性学习。

附："焊条电弧焊之平板对接立焊" 实训项目教学设计

一、教学基本情况
课题名称：决胜"焊武帝"——焊条电弧焊之平板对接立焊
课时数：4 课时
授课班级：2016 汽修 1 班
授课时间：2018 年 7 月
授课地点：汽修实训室
参考教材：《车身修复》（郭有瑞主编，江苏教育出版社）

二、其他资源
依托学习平台、动画闯关游戏、焊接模拟器，使用 3D 立体视觉焊接模拟系统中焊接知识、焊接课堂、课程任务、自由训练、情景训练、焊接回放等教学资源进行辅助技能训练，构建云教学"私人定制"的新形态。

三、教学目标
知识目标：掌握焊条电弧焊立焊的操作步骤及焊接工艺参数的选择。
技能目标：掌握规范的立焊操作手法及姿势；能熟练控制焊接电弧及金属熔滴。
素养目标：能形成规范的操作习惯、树立安全意识、培养专业核心素养。

四、教学重、难点
教学重点：掌握焊接工艺参数的选择。
教学难点：控制焊接电弧及金属熔滴。

五、学情分析
本课的教学对象是中职汽车运用与维修专业二年级学生。学生已经掌握了焊接基础知识，具备了气体保护焊、电阻点焊等焊接技能，能够使用常用的钣金工具，对于企业的真实任务兴趣十分浓厚，但自主探究能力不足，在规范操作和安全意识方面有待提高。

六、教材处理

本课内容选自汽车运用与维修专业核心课程"车身修复"车身钣金基础教学内容。基于工学结合任务及汽修领域主要焊接技术需求，对教材内容加以拓展整合，将焊条电弧焊中平板对接立焊作为主要教学内容，进行情景化项目式教学。

七、教学设计

创设情境（课前）：教师将真实维修任务转化为教学项目，在学习平台发布项目学习任务单。学生登录学习平台领取项目学习任务单，查看本次任务的客户需求表，观看微课预习焊条立焊操作规程等基础知识，完成平台课前学习测试，根据测试结果，教师确定教学重点为掌握焊接工艺参数的选择，难点为控制焊接电弧及金属熔滴。

学习探究（课中）：通过播放案例视频，明确工作任务，引出本课课题。在此环节，学生完成三项任务的学习探究，一是立焊规范操作的流程，二是立焊工艺参数的选择，三是焊接电弧及熔滴控制。基础任务是，通过完成思维导图、3D立体视觉焊接模拟系统中的"手把手"学习环节和三维动画游戏，提高立焊规范流程的熟练度。重点任务是，通过焊接初级课程、模拟系统中的"自由训练"模拟环节和三维动画游戏测试，掌握立焊工艺参数的选择。难点任务是，通过思考分析历届学生作品库中的缺陷案例、模拟系统中的"情境训练"仿真环节和系统数据反馈，实现熟练控制焊接电弧及金属熔滴的教学目标。各环节都是在学习—练习—测试—反馈的循环中，循序渐进，步步深入。

实操训练（课中）：教师进行关键步骤的标准实操示范，并多角度实时录播，供学生学习参考。结合任务单要求，安全教育检查后，各组在组长的协调指挥下，分工合作，完成立焊实操练习任务。"大家来找碴"游戏、"焊武帝"评选活动，为本课画龙点睛。

拓展延伸（课后）：由评选出的"焊武帝"和企业导师共同完成本次真实任务，完成货车车厢箱板的焊接，其他同学观看、学习、点评。在学习平台完成课后巩固练习，并分享学习心得。

整个教学设计流程如图 4 - 10 所示。

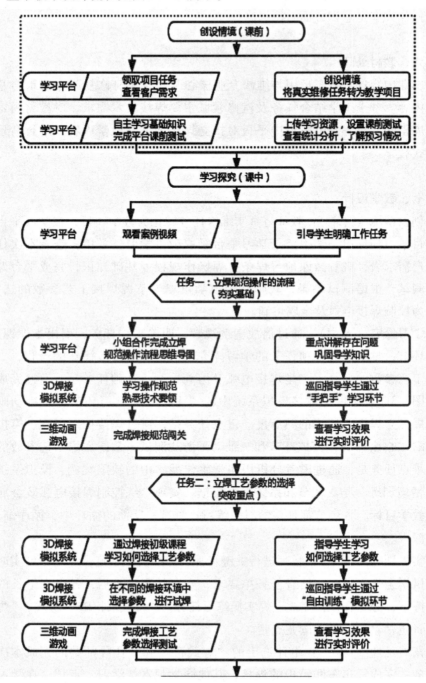

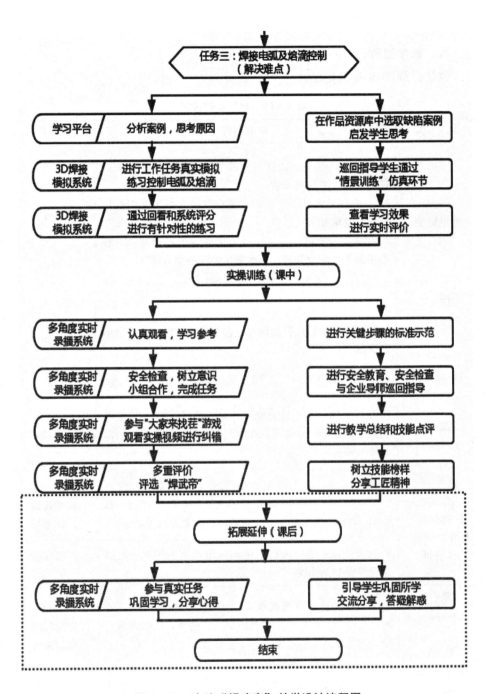

图4-10 决胜"焊武帝"教学设计流程图

八、教学过程

教学过程如表4-11所示。

表4-11　教学过程实施

环节（用时）	教学内容	技术手段
课前 创设情境	1. 领取项目任务：这是一个教学工场接到的真实维修任务，查看客户需求表； 2. 开展自主学习：学生学习平台资源，焊条立焊操作规程等基础知识； 3. 完成在线测试：学生完成关于立焊的知识测试，教师根据平台统计分析，了解学生的课前学习情况	学习平台
课中 学习探究 导入 （5分钟）	视频导入：学生观看案例视频，明确工作任务，引出本课课题	视频
课中 学习探究 任务一 夯实基础： 立焊规范 操作的流程 （25分钟）	1. 流程梳理：各小组完成立焊规范操作流程的思维导图并分组展示，教师对存在问题进行重点讲解，巩固课前导学知识；	思维导图
	2. 引导学习：进入焊条电弧焊模拟训练系统，通过"手把手"学习环节，根据虚拟场景中提供的"引导焊枪"，学习焊接规范操作，熟悉操作步骤及技术要领；	3D立体 视觉焊接 模拟系统
	3. 闯关测试：学生进行三维动画游戏闯关测试，提高立焊步骤的熟练度	三维动画 游戏
课中 学习探究 任务二 突破重点： 立焊工艺 参数的选择 （30分钟）	1. 课程学习：在焊接初级课程中，学习如何根据不同的钢板厚度、焊接位置等具体情况，选择合适的焊条直径、焊接电流、焊接速度等工艺参数；	3D立体 视觉焊接 模拟系统
	2. 自由训练：根据系统给出的焊接环境、构件，选择工艺参数，进行试焊训练；学生在反复训练中，掌握如何选择合适的焊接工艺参数；	3D立体 视觉焊接 模拟系统

环节（用时）	教学内容	技术手段
课中 学习探究 任务二 突破重点： 立焊工艺 参数的选择 （30分钟）	3. 游戏测试：进入三维动画游戏，在不同工作情境下，进行焊接工艺参数选择测试，巩固学习效果	三维动画 游戏
课中 学习探究 任务三 解决难点： 焊接电弧 及熔滴控制 （30分钟）	1. 案例分析：学生讨论分析学习平台历届学生作品资源库中3个焊条电弧焊缺陷案例，思考如何避免产生焊接缺陷；	学习平台
	2. 情境训练：进入"情境训练"仿真环节，通过立体画面、真实的触碰力反馈效果、实时焊接数据的图形化提示，学生反复操作练习，做到熟练控制焊接电弧及金属熔滴；	3D立体 视觉焊接 模拟系统
	3. 实时评分：系统对学生仿真实训成绩进行实时评分，根据统计评估结果，学生能清楚地了解自己的学习情况，进行有针对性的重点练习	3D立体 视觉焊接 模拟系统
课中 实操训练 教师示范 （15分钟）	标准示范：为强化操作规范，教师进行关键步骤的标准示范。示范过程进行多角度实时录播，供学生学习参考	实时录播
课中 实操训练 学生练习 （75分钟）	1. 安全检查：实操前，教师进行安全教育、安全检查。学生认识到安全操作的重要性，在实际操作中，遵守操作规程；	实时录播
	2. 实际操作：结合任务单要求，各组在组长的协调指挥下，分工合作，完成焊条立焊任务；	实时录播

续表

环节（用时）	教学内容	技术手段
课中 实操训练 学生练习 （75分钟）	3. 多元评价： （过程评价）一位学生操作，另三位学生对照评分标准进行评价，四人岗位轮换； （实时点评）学生操作过程中，教师和企业导师巡回指导，实时点评； （总结评价）通过"大家来找碴"游戏、"焊武帝"评选等，再次巩固本课的教学重难点	实时录播 学习平台
课后 拓展学习	1. 任务实施：由评选出的"焊武帝"和企业导师共同完成本次真实任务，完成卡车车厢箱板的焊接，其他同学观看、学习、点评；	学习平台
	2. 巩固练习：学生完成课后巩固练习；	学习平台
	3. 交流分享：对学习上的困惑在交流空间与老师交流，并分享自己的学习心得	学习平台

九、教学反思

当现代信息技术与传统焊接工艺相碰撞，实训教学模式和学习方式也在不断地更迭升级。本课依托学习平台和 3D 仿真实训系统等智能信息化手段，帮助学生完成知识建构和技能提升；通过全场景过程化数据管理，进行教学诊断与改进，循序渐进完成实训教学；通过沉浸式仿真实训突破了环境、设备、安全等限制，教学过程与工作过程有效对接，实现了精准教学和个性学习。

（本项目为 2018 年江苏省职业学校教学大赛实训比赛二等奖作品，参赛团队成员为钟蔚、杨一丹、叶海伟）

案例 10　绘画——童心有爱　妙笔生画

"儿童人物简笔画创作"实训项目教学设计

简笔画作为一种形象化、符号化的绘画形式，其简捷明快的线条、形简意赅的笔触能激发学生无限的创意，在点线之间描绘大千世界。本项目主题是"童心有爱 妙笔生画——儿童人物简笔画创作"。

一、教学分析

1. 教学内容

本课内容选自学前教育专业核心课程"绘画"简笔画教学内容,教学时长为 4 课时。基于工学结合任务,将儿童人物简笔画作为主要教学内容并拓展整合。

2. 学情概括

中职学前教育二年级学生已具备了幼儿简笔画基础知识,掌握了静态物体的简笔画绘画技能,对于动态物体的造型方法和构图设计有着强烈的学习渴望。

3. 教学目标

知识目标:掌握儿童人物简笔画的造型方法和儿童人物群组的构图方法。

技能目标:运用学习平台与三维交互软件学会儿童人物主题简笔画的主要创编方法。

素养目标:在创作和审美过程中渗透育人功能和树立岗位意识。

其中简笔画儿童人物的动态表现为教学重点,儿童人物群组构图中层次感、平衡感、运动感的把握为教学难点。

二、教学策略

借鉴 STEAM 教学理念,通过创设真实情境,将信息技术、德育渗透、数学思维融入艺术教学,在教学平台和学习软件的支持下,放飞想象的翅膀,在"问题—学习—修正—创作"的学习循环中,循序渐进地掌握简笔画人物群组创编,有效解决重难点。

三、教学过程

1. 创设情境(课前)

六一儿童节到了,基地幼儿园邀请我们欢度六一,我们将送上亲手创作的"快乐的六一"简笔画绘本给小朋友们做礼物。教师在平台发布任务:利用已掌握的简笔画技法绘制一个儿童人物。学生领取任务,通过观察、摄影等方式采集素材,运用"临摹、写生、默写"等方式完成初稿,上传至教学平台。

2. 学习探究（课中）

走进课堂，学生展示课前作品，师生进行对比、讨论、点评，指出儿童人物在比例、特征、动态等方面的存在问题，由此引出本课学习任务。

任务一：儿童人物简笔画的静态造型（夯实基础）

人物比例、躯体特点、表情特点、动态特点是儿童人物简笔画的造型基础，学生以"男孩"为例，借助"我爱简笔画"学习软件先来学习儿童人物静态造型。

第一步：打开软件，进入"人物库"，通过搜索资源，学生找到各种形态的"男孩"素材观察、学习。进入"单体人物"，通过视频演示、简化分解、临摹默写，学生轻松掌握了简笔画儿童人物"立三坐二半"的比例规律。带着小小的收获感，学生对课前作品进行第一次修改。

第二步：通过"基本型"来简化人物躯干。这可是画好简笔画的重要技巧。学生通过动画学习儿童人物的躯体特点，掌握了"躯干长四肢短，头部宽肩膀窄，颈部细而短"的秘诀。带着小小的满足感，学生再次完善课前作品。

第三步：人物的表情特点是简笔画不可忽视的细节，通过"表情游戏"可以将儿童的喜怒哀乐描绘得栩栩如生。使用符号化图形，学生随意组合"喜怒哀乐"的不同表情，再通过"口诀步骤法"对表情特点进行程式化识记。带着满满的自信，学生对课前作品进行第三次修改。

经过以上"三部曲"，学生已基本掌握了静态儿童人物的造型方法。

任务二：儿童人物简笔画的动态表现（突破重点）

通过使用软件的三维交互功能，人物的动态特征变得直观可视。学生对"男孩"模型的四肢进行任意拖动，仔细观察不同朝向、不同动作的人物动态。发现哪个动作不错，点击相应按钮，通过动画解析，学习儿童人物在各种动作状态下的"动态线、重心与体块结构"；发现哪个动作最酷，马上截图捕捉动态画面，进行进阶练习，让儿童人物"活"起来。

再次回到课前作品，对儿童动态造型进行修正。画面上的儿童活灵活现，是不是比原来精神多了？借助信息技术，在"发现问题、观察学习、反复修正"的过程中，有效突破了本课重点。

掌握了儿童个体的动态表现，群组创编也就水到渠成了。如何让一群儿童在画面中鲜活生动呢？让我们开动大脑、发挥创意吧！

任务三：儿童人物简笔画的群组设计（解决难点）

学生在三维交互软件中召唤出多个儿童人物模型，合理想象，让他们在画面中追逐嬉戏，体会"近大远小、前后遮挡、黄金分割"的构图技巧，感悟"层次感、平衡感、运动感"的构图要点，学会如何对人物群组进行合理布局。

学生动笔前，先观察一下老师是如何操作的。教师进行现场简笔画创作，抛出主题情节：六一儿童节，幼儿园老师希望小朋友们过一个有意义的节日……并给出实训任务：根据故事情节，发挥合理想象，小组讨论主题，画出简笔画主题场景。

老师给大家展示的是：六一儿童节到了，小朋友们来到敬老院，给老人们表演节目。在表现儿童人物的时候要注意比例规律：在简笔画中儿童人物的比例以 3 个头身高较为合适，幼儿的头一般都大于身体，颈部细而短小。为了表现出儿童的天真活泼，老师通过躯体、四肢的变化表现出人物不同的动态。每个儿童都有不同的表情，生动的表情为画面增添了很多的趣味。

至于图片后面在为他们精彩表演喝彩的两个小朋友，只是被前面跳舞的小女孩挡住了身体，这就是前后遮挡，画面的层次感就是通过前后的遮挡关系体现出来的。针对画面头重脚轻，失去平衡的问题，老师在画面的左下方设计了起伏的钢琴键，右下方设计了几位老人在观看节目，这样就体现了构图中的平衡感。主题人物呈现出运动的姿态，让画面充满运动感和节奏感。

小朋友们在琴键上跳舞，奏响美妙的音符，给老人们带来快乐，这就是本幅作品的创意所在。在教学简笔画主题创作的时候，不仅要注重基本的方法技能，更要培养学生独特的创造力和想象力，这也是学前教育专业的"准幼师"需要掌握的岗位技能。

学生观察教师作品，感悟构图技巧，小组讨论分别确定"爱心""团结""亲情"为创作主题，利用软件搭建故事场景，并截图确定创编效果图。各小组以截图为蓝本，遵循幼儿学习心理，发挥想象添加符合主题的元素，以绘本故事的形式完成主题情境简笔画的创编。当技术与创意碰撞出火花，所学即所得，作品即成效，轻松地解决了教学难点。

学生将作品拍摄并上传至平台，师生点评并投票选出最佳创意作品为简笔画绘本的封面。

3. 拓展延伸（课后）

各组学生将作品修改美化制成有趣的绘本，作为儿童节礼物送给幼儿园的小朋友，和孩子们一起"讲一讲、画一画"，并制成电子绘本在网络发布，和更多的孩子分享快乐。

四、教学效果

本堂课的核心思维是：让学习真正发生。

本课通过探究式教学让学生在不断地学习、修正、创新中夯实岗位技能；借助实训软件让艺术教学的虚拟情景可视化，提升学生创新创造的核心品质。

附：童心有爱 妙笔生画
——儿童人物简笔画创作

一、教学基本情况

课题名称：童心有爱 妙笔生画——儿童人物简笔画创作

课程名称：绘画

授课形式：信息化教学

授课对象：2016 级学前教育专业

授课地点：智慧教室

所用教材：《绘画》（张昭济主编，复旦大学出版社）

授课学时：4 课时

教学准备：多媒体教学设备、配套信息资源、网络教学平台

二、教学设计思路

本课题主要围绕儿童人物简笔画创作开展教学活动，根据职业学校学生的特点和认知规律，以"任务驱动、自主探究"为主，整个教学过程依托教学平台、"我爱简笔画"三维交互学习软件等信息化技术手段，让艺术教学虚拟情境可视化，将儿童人物的动态表现直观化，在"问题—学习—修正—创作"的学习循环中，学生提升自主学习和动手实践的能力，锻造创新、创造的核心品质。

三、教学内容分析

选用国家规划教材《绘画》中的简笔画教学内容，之前学生已完成了简

笔画基础篇中的动物、植物、器物、人物等的学习。依据课程标准、学前教育专业岗位需求，对教学内容进行拓展整合，结合"我爱简笔画"三维交互学习软件，设计了静态表现、动态表现、群组创编 3 个教学任务，以单个儿童人物静态特征的学习夯实基础，再对儿童人物的动态表现进行重点突破，最后解决儿童人物群组创编的难点，将简笔画的欣赏、学习、体验和创作有效结合，引导学生循序渐进地掌握儿童人物群组的创编技巧，同时潜移默化地渗透了育人功能，树立学前教育专业的岗位意识。

四、学情分析

本课授课对象是中职学前教育专业二年级的学生。

已有的知识和技能：通过上学期简笔画基础知识的学习，学生已掌握动物、植物、生活器物等的简笔画符号化、程序化技法，能熟练运用简笔画技法进行表现。

学习的态度和能力：学生的思维活跃，学习态度积极认真，因简笔画为未来岗位的重要技能，学生有着浓厚的学习兴趣和创作愿望。

学习的实际困难：学生对于简笔画人物的创作缺乏空间想象，对于画面构图的层次感、平衡感、运动感缺乏立体感知。

五、教学目标

知识目标：掌握儿童人物简笔画的造型方法和儿童人物群组的构图方法。

技能目标：运用学习平台与三维交互软件学会儿童人物主题简笔画的主要创编方法。

素养目标：在创作和审美过程中树立爱岗乐业的岗位意识。

六、重点难点

教学重点：简笔画儿童人物的动态表现。

教学难点：儿童人物群组构图中层次感、平衡感、运动感的把握。

七、教法学法

教学方法：情境教学法、任务驱动法。

学习方法：探究式学习、体验式学习、合作式学习。

八、教学策略

借鉴 STEAM 教学理念，通过创设真实情境，将信息技术、德育渗透、数学思维融入艺术教学，在教学平台和学习软件的支持下，充分调动学生的想象力和创意，在"问题—学习—修正—创作"的学习循环中，层层推进，步步深入掌握简笔画人物群组创编，从而突破重点、化解难点。

课前，创设情境，引入任务。学生明确任务，通过网络资源，生活观察采集素材，完成课前任务。

课中，学习探究，提升技能。依托简笔画教学软件，进行简笔画的三部曲学习，夯实基础；在"发现问题、观察学习、反复修正"的过程中，由浅入深，层层推进，学会儿童人物动态表现，突破重点；通过三维仿真实训与真实技能操练结合，学习"近大远小、前后遮挡、黄金分割"的构图技巧，学会对儿童人物群组进行合理布局，解决难点。

课后，拓展延伸，分享快乐。以纸质绘本和电子绘本的形式生成创意作品，和幼儿园的小朋友"讲一讲、画一画"，提升岗位技能。

九、教学流程图

教学流程如图 4-11 所示。

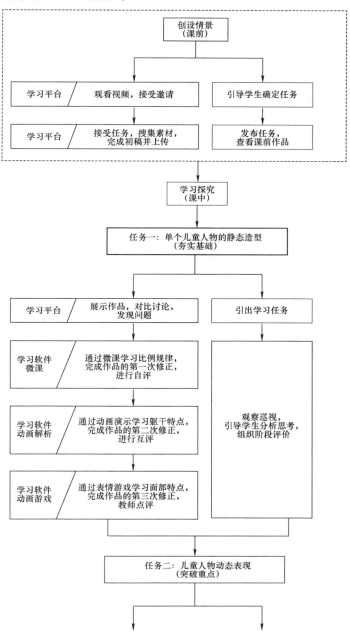

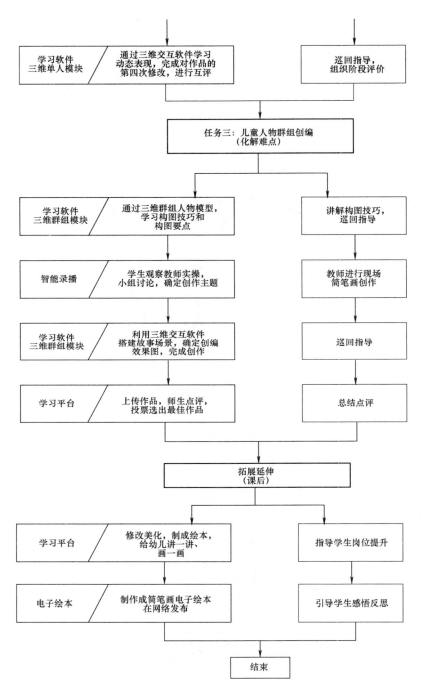

图 4-11 教学流程

十一、教学过程与方法应用

教学过程与方法如表 4 – 12 所示。

表 4 – 12　教学过程与方法

教学环节	教学过程	教师活动	学生活动	设计意图/技术手段
课前 准备 创设 情境	【课前准备】 1. 情境创设：基地幼儿园发出六一邀请； 2. 合理分组； 3. 平台领取任务，搜集素材，完成儿童人物作品并上传	1. 微信发布邀请视频：基地幼儿园邀请学生与幼儿共度六一儿童节； 师生讨论； 2. 引导学生合理分组； 3. 学习平台发布任务：学生搜集素材，利用已学知识技能完成一个儿童人物简笔画绘制并上传资源库； 查看学生上传的作品	1. 接受邀请，讨论确定以简笔画绘本作为礼物赠予小朋友； 2. 学生进行异质分组； 3. 登录平台领取任务，通过拍照，上网搜集素材，完成绘画	通过真实项目任务，激发学生学习兴趣，为课堂学习做准备 学习平台

续表

教学环节	教学过程	教师活动	学生活动	设计意图/技术手段
	【引出任务】发现课前作品中的问题，顺势引入任务	师生进行对比、讨论、点评，指出学生作品中儿童人物在比例、特征、动态等方面的存在问题，引出本课的学习任务	讨论、观察、思考	学习平台
课中探究夯实基础 任务一单个儿童人物静态造型	【比例规律】学习单个儿童人物的比例规律	1. 引导学生通过简笔画交互学习软件学习简笔画儿童人物"立三坐二半"的比例规律； 2. 观察学生仿真操作，引导学生查找课前作品问题并修改，请学生进行阶段自评	1. 在软件"资源库"中学习"男孩"的各种形态，在"单体人物"中学习儿童人物比例规律； 根据比例规律，对课前作品第一次修改，进行阶段自评	1. 运用软件学习比例规律第一次修改对比图

续表

教学环节	教学过程	教师活动	学生活动	设计意图/技术手段
课中探究夯实基础	【躯干特点】学习单个儿童人物的躯干特点	1. 引导学生通过简笔画交互学习软件学习儿童人物的躯干特点，动画演示"躯干长四肢短，头部宽肩膀窄，颈部细而短"的特点； 2. 观察学生仿真操作，引导学生查找第一稿的问题并修改，组织学生进行阶段互评	1. 学生在软件中学习躯干特点并进行临摹默写； 2. 根据躯干特点对课前作品进行第二次修改，并进行阶段互评	1. 运用软件学习躯干特点； 2. 第二次修改对比图
任务一单个儿童人物静态造型	【表情特点】学习单个儿童人物的表情特点	1. 引导学生通过学习软件表情游戏板块学习使用符号化图形组合出"喜怒哀乐"的各种表情，通过"口诀步骤法"对表情特点进行程式化识记； 2. 观察学生仿真操作，引导学生查找修改第二稿的问题并修改，教师进行阶段点评	1. 在"表情游戏"板块中拖动不同的图形组合出各种表情，并加以程式化识记； 2. 根据表情特点对课前作品进行第三次修改	1. 运用软件学习表情特点； 2. 第三次修改对比图

189

教学环节	教学过程	教师活动	学生活动	设计意图/技术手段
课中探究突破重点 任务二 儿童人物动态表现	【动态表现】学习单个儿童人物的动态表现	1. 运用简笔画交互学习软件中的三维人物模型，设置不同朝向、不同动作的人物动态，引导学生观察并讲解动态特征； 2. 巡回观察，指导学生捕捉人物动态画面，发挥创意进行第四次修改，进行进阶练习； 3. 观察学生实践，引导学生查找动态表现问题，修改第四稿	1. 借助学习软件，拖动三维模型，了解儿童人物动态线、重心与体块结构的动态特征； 2. 捕捉合适朝向、合适动作，截屏进行创意练习，设计人物的动态画面； 3. 根据动态画面，对课前作品进行第四次修改，相互点评	1. 运用三维人物学动态特征； 2. 捕捉动态画面 第四次修改对比图

续表

教学环节	教学过程	教师活动	学生活动	设计意图/技术手段
课中探究解决难点 任务三 儿童人物群组创编	【构图探究】学习儿童人物简笔画的群组构图	通过软件展示多个三维人物模型,讲解构图技巧和构图要点	在三维交互软件中拖动多个人物模型,体会"近大远小、前后遮挡、黄金分割"等构图技巧,感悟"层次感、平衡感、运动感"的构图要点	运用三维交互软件学习群组构图
	【教师展示】教师示范,展示如何进行人物群组的主题情境创编	1. 教师现场简笔画创作,创设主题情境:六一儿童节,幼儿园老师希望小朋友们过一个有意义的节日; 2. 给出实训任务:根据故事情节,发挥合理想象,小组讨论主题,画出简笔画主题情境	学生观察教师作品,熟悉人物形象、感悟构图技巧,小组讨论分别确定"爱心、团结、亲情"为绘本故事的创作主题	智能录播投影演示

续表

教学环节	教学过程	教师活动	学生活动	设计意图/技术手段
课中探究解决难点 任务三儿童人物群组创编	【构图创编】根据故事主题，发挥想象，进行情境创意，完成主题创编绘画	1. 指导学生发挥合理想象，搭建故事场景； 2. 观察学生实践，巡回指导	1. 利用三维交互软件搭建故事场景，小组讨论确认情节画面，截图确定创编效果图； 2. 根据创编效果图在手绘板进行草图创作，后在纸面上进行成品创作，以绘本的形式完成一个主题故事创编	1. 三维交互群组创编效果图； 2. 手绘简笔画成品图
	【总结评价】上传展示，总结评价	引导学生上传作品并展示讲解，师生完成课堂评价表，投票选出最佳作品作为简笔画绘本封面	学生上传作品并展示讲解，相互点评，投票选出最佳作品	平台投票

教学环节	教学过程	教师活动	学生活动	设计意图/技术手段
课后 拓展 岗位 提升	【赠送绘本】 制作绘本，岗 位模拟	1. 帮助学生完善制作绘本故事； 2. 引导学生进行岗位模拟，在和幼儿"讲一讲、画一画"的过程中提升简笔画教学技能	1. 根据评价意见，各组学生修改完善作品，制成精美纸质绘本； 2. 将绘本作为儿童节礼物送给幼儿园的小朋友，在"讲一讲、画一画"的过程中提升岗位技能	1. 纸质绘本； 2. 岗位实践"讲一讲、画一画"
	【电子绘本】 分享成果，放大教育效应	指导学生制作电子绘本	制作成简笔画电子绘本在网络发布，和更多的孩子分享快乐	电子绘本

十二、教学反思

1. 收获

本课教学设计的核心思维是：让学习真正发生，让专业技能与核心素养、职业能力相融合，促成课堂生态的整体优化，实现教学的意义转向。

其一，在探究中感知。基于行动导向的教学观，通过探究式教学让学生在"问题—学习—修正—创作"的学习循环中夯实岗位技能；学生全程主动参与，自主体验感知，不断修正作品，开放式任务的完成水到渠成。通过改变学习方式，学生获得主动赢得未来的能力，师生形成"发展共同体"，顺应了"互联网＋教育"的发展趋势。

其二，在体验中生成。基于全面发展的能力观，借鉴 STEAM 教学理念，创设真实情境，将信息技术、德育渗透、数学思维融入艺术教学，借助三维交互学习软件和教学平台，艺术教学的虚拟情境可视化，实现课堂内外的智慧留痕，思考叠加。在知识传递、吸收内化、输出展示的过程中，学生的表达能力、交际能力、团队意识、信息化素养、职业能力都有了明显提升。

其三，在实践中提升。基于能力本位的教育观，课堂的设计始终围绕学前教育专业的岗位需求，从创设基地幼儿园活动为教学任务，到学生完成任务后回归幼儿园进行岗位实践，强调学生通过行动实现能力的内化和运用，提升学生的专业核心素养始终是教学的聚焦点。

2. 审视

由于技术的局限，教学软件的资源还需要在日后的教学中进一步丰实。我们也不断提醒自己，要站在学生的角度换位思考，针对学生美术能力有差异的客观事实，寻找学生的最近发展区，实现全体学生共同进步的目标。

3. 对策

利用网络与学生互动，深入他们的学习空间和内心世界，经常给予激励性评价，真正培养充满创意、情感丰富、全面发展的学前教育人。新教育的理念是：只要行动，就有收获，只要坚持，就有奇迹。我坚信，只要每一个学生的价值都得到尊重，素养都得到提高，个性都得到展现，活力都得到激发，"技能改变未来"的梦想将触手可及。

（本项目为全国职业学校信息化教学大赛实训比赛二等奖、江苏省职业学校教学大赛实训比赛一等奖作品，参赛团队成员为顾晶澄、杨一丹、江金丹、陈小军）

案例 11　幼儿文学——谱写童年的欢歌

"儿歌的创编"信息化教学设计说明

欢快有趣的儿歌，能发展童言、启迪童智、陶冶童心，深深地烙印在我们每一个人童年的记忆里，历久弥香，新的时代赋予了儿歌新的内涵。

一、教学分析

1. 教学内容

本课选自"十三五"规划教材《幼儿文学》"儿歌写作"章节，教学时长为 2 课时。根据学前教育专业人才培养方案和工学结合任务，对教学内容进行拓展整合，弱化了"仿"，强化了"创"，将儿歌创编作为主要教学内容。

2. 学情概括

中职学前教育二年级学生已初步具备了儿歌的基础知识，掌握了儿歌的仿写方法，对于儿歌的创编有着强烈的学习渴望。但课前调研发现，作为数字化公民，她们经常依赖网络获取信息，自主创作的水平和创新能力有待提高。

3. 教学目标

根据课程标准，结合岗位需求，立足学生能力，设定如下教学目标。知识目标：掌握儿歌创编的基本原则，了解儿歌的表现手法、艺术形式等；技能目标：能依托教学平台与学习软件进行儿歌的创编；素养目标：在创作和审美过程中渗透育人功能和树立岗位意识。其中儿歌创编"韵"的把握为本课教学重点，儿歌创编"神"的体现为教学难点。

二、教学策略

德育渗透、艺术思维融入儿歌教学，依托教学平台和自主开发的学习软件，放飞想象的翅膀，在"同化、顺应、平衡"的过程中，形成新的儿歌创编模式，循序渐进地掌握儿歌的"形""韵""神"，有效解决重难点。

三、教学过程

（一）创设情境（课前）

6月是基地幼儿园的毕业季，我们受邀参与毕业汇报演出活动，学生们集思广益，决定送上原创儿歌的"音诗画"作品作为礼物，与小朋友们分享。

教师在教学平台发布任务：在家校互动平台收集"童言稚语"，进行高频词筛选，自主选择主题完成一首儿歌。学生领取任务，下载儿歌 App 收集相关主题儿歌，通过改编、原创等方式完成儿歌初稿，上传至教学平台。

（二）学习探究（课中）

走进课堂，学生展示课前作品，师生讨论、点评，指出儿歌初稿存在的问题，由此引出本课学习任务。

任务一：学习儿歌的"形"（夯实基础）

掌握儿歌的结构特点是进行儿歌创编的基础，学生借助"新儿歌"学习软件，先来学习儿歌的"形"，从句式、分节等方面对初稿进行第一次修改。

第一步：打开软件，进入"结构库"，点击"名作赏析"，学习儿歌的句式、分节等结构特点。赏析圣野先生的《会叫的鞋子》等作品，其整齐的句式，活泼的语言，让学生感受到了儿歌的"形式美"。

第二步：学生对初稿内容进行句式、分节自主修改。以学生作品《雨中情》为例，修改成二节式七言句式。

经过修改，儿歌作品初具雏形。

任务二：掌握儿歌的"韵"（突破重点）

儿歌的韵律节奏创造了儿歌的音乐性，好的儿歌作品要节奏鲜明，音韵和谐，便于传唱。

第一步：学生打开学习软件的"韵律库"，学习儿歌"句句押韵、隔行押韵、变换韵脚"等方法。例如，经典儿歌《狐狸做衣裳》，使用了"隔行押韵"的方法，节奏轻快，回转反复。通过赏析《狐狸做衣裳》，学生感受到了儿歌的"韵律美"。

第二步：在"韵律库"中搜索相关的韵脚，通过联想和想象，小组合作再次修改作品。学生作品《雨中情》，确定以"a"为韵脚，在库中搜索出下、花、啦、沙、丫、妈、娃等押韵尾字，结合儿歌所要表达的内容，进行第二次修改。

经过修改，儿歌作品节奏明朗。

任务三：提炼儿歌的"神"（解决难点）

童趣是儿歌的"神"，更是儿歌的生命。只有用儿童的语言传递思想，才能抓住儿歌的"神"。

第一步：打开学习软件，点击"童趣库"，通过意象搜索，进行儿童视角与成人视角的对比，从儿童的视角解读事物，使用比喻、拟人、夸张等手法，使儿歌充满童真童趣。例如，意象"鸡蛋"，在孩子的眼中就是"鸡蛋清，鸡蛋黄，白云包个小太阳"。巧妙童真的视角，浅白童趣的创作，既能触及儿童的心灵，又能让学生感受到儿歌的"灵动美"。

第二步：头脑风暴，深化主题。经过讨论，儿童视角下的《雨中情》更名为《小伞花》，改为多节式，增加了"檐下小娃娃，皱眉跺脚丫，大雨不听话，我想要回家"，用皱眉、跺脚、不听话这些鲜明的幼儿"元素"刻画了儿童没有带伞焦急等待的画面，反衬出"两个脑袋瓜，同在雨伞下"的友情格外珍贵，提炼出儿歌的"神韵"。

好歌是改出来的。经过多次修改，学生们改出了儿歌的"形""韵"

"神",真正通过"浅语的艺术"通达儿童丰富的内心世界!

任务四:呈现儿歌的"美"(总结评价)

学生打开"创编室",在"场景库""角色库""音乐库"进行选择、修改、合成、调试,完成创意作品,当技术与创意碰撞出火花,所学即所得,作品即成效。学生上传作品,师生点评并投票选出最佳创意作品。

学生完成本课质量跟踪调查问卷,教学平台自动生成学生的学习活动报告;根据反馈教师分层次有针对性地推送巩固学习材料。

(三)拓展延伸(课后)

课后,各组和"学前教育专业群"各工作室合作,美化最佳创意作品,通过编曲配乐、美术设计、动漫制作完成儿歌的"音诗画"视频创作,作为毕业礼物送给幼儿园的小朋友。在毕业汇报演出中,和孩子们一起"念一念、唱一唱、演一演",并在网络发布,和更多的孩子分享快乐。

四、教学效果

本课的核心思维是"用儿童的语言传递思想",体现了"三混合"和"三创新"。学生通过不断地学习、修改、创新,夯实岗位技能;借助教学平台、学习软件让学习路径个性化,提升学生创新创造的核心品质。

附:谱写童年的欢歌
——"儿歌的创编"信息化教学设计

一、教学基本情况

课题名称:谱写童年的欢歌——儿歌的创编

课程名称:幼儿文学

授课形式:信息化教学

授课对象:学前教育专业二年级学生

授课地点:智慧教室

所用教材:《幼儿文学》(吴振尘主编,人民邮电出版社)

授课学时:2课时

教学准备:多媒体教学设备、配套信息资源、网络教学平台、自主开发的学习软件

二、教学设计思路

本课主要围绕儿歌的创编开展教学活动，根据职业学校学生的特点和认知规律，对接职业岗位需求，以"自主学习、合作探究"为主，整个教学过程依托教学平台、自主开发的学习软件，借鉴混合教学理念，通过创设真实情境，将信息技术、德育渗透、艺术思维融入儿歌教学，在"同化、顺应、平衡"的过程中，学生循序渐进地掌握儿歌的"形""韵""神"，锻造创新、创造的核心素养，达成教学目标。

三、教学内容分析

儿歌、故事、游戏作为幼儿教育的三驾马车，儿歌创编是幼儿教师必备的核心能力。"幼儿文学"是一门理论结合技能的实用性课程，本课选用"十三五"规划教材《幼儿文学》第三章儿歌写作教学内容。根据学前教育专业人才培养方案和工学结合任务，对教学内容进行拓展整合，弱化了"仿"，强化了"创"，将儿歌创编作为主要教学内容。基于教学内容，设计了学习儿歌的"形"、掌握儿歌的"韵"、提炼儿歌的"神"、呈现儿歌的"美"四个学习任务，学生在一次次修改完善作品的过程中，循序渐进地掌握儿歌创编的技巧，为今后的儿歌教学打下坚实的基础；同时潜移默化地渗透了育人功能，树立了学前教育专业的岗位意识。

四、学情分析

本课授课对象是中职学前教育专业二年级的学生。

已有的知识和技能：通过学期初幼儿文学基础知识的学习，学生已了解了儿歌的定义、历史、作用等，掌握了仿写、改编等幼儿文学的创作方法。

学习的态度和能力：学生的思维活跃，学习态度积极认真，儿歌的创编为未来岗位的重要技能，学生有着浓厚的学习兴趣和创作愿望。

学习的实际困难：学生儿歌的储备量不足，缺少对儿童生活及思想的深层次了解，儿歌的创编存在无从下手的问题；作为数字化公民，她们经常依赖网络获取信息，自主创作的水平和创新能力有待提高。

五、教学目标

知识目标：掌握儿歌创编的基本原则，了解儿歌的表现手法、艺术形式等。

技能目标：能依托教学平台与学习软件进行儿歌的创编。

素养目标：在创作和审美过程中渗透育人功能和树立岗位意识。

六、重点难点

教学重点：儿歌创编"韵"的把握。

教学难点：儿歌创编"神"的体现。

七、教法学法

教学方法：混合式教学、情境教学法。

学习方法：自主学习、合作探究学习。

八、教学策略

借鉴混合教学理念，通过创设真实情境，将信息技术、德育渗透、艺术思维融入儿歌教学，依托教学平台和自主开发的学习软件，放飞想象的翅膀，在"同化、顺应、平衡"的过程中，层层推进，步步深入进行儿歌的创编，建立稳定的心理图式，从而突破重点、化解难点。

课前：创设情境，引入任务。学生通过收集"童言稚语"筛选高频词，自主选择主题，下载儿歌 App 收集相关主题儿歌，通过改编、原创等方式完成初稿，上传至教学平台。

课中：学习探究，提升技能。依托教学平台、学习软件，设置学习儿歌的"形"、掌握儿歌的"韵"、提炼儿歌的"神"、呈现儿歌的"美"4 个学习任务。通过名作赏析学习儿歌的结构特点、韵律节奏、童真童趣，师生互动、生生互动，从儿歌的形、韵、神、美步步润色作品，有效解决重难点。多层次、多维度的评价贯穿整个教学过程。

课后：拓展延伸，分享快乐。各组的最佳创意作品，经"学前教育专业群"各工作室美化，制成"音诗画"视频，和幼儿园的小朋友分享，提升岗位技能。

九、教学流程图

教学流程如图 4 – 12 所示。

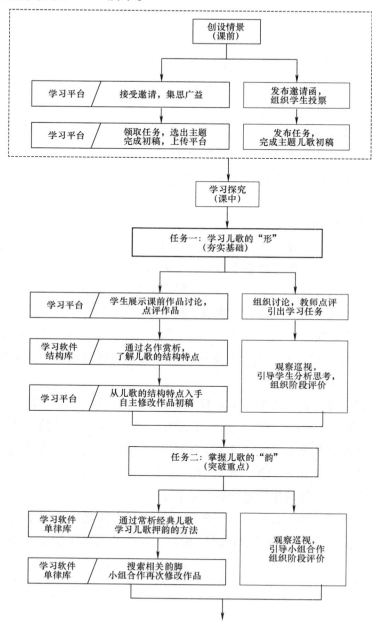

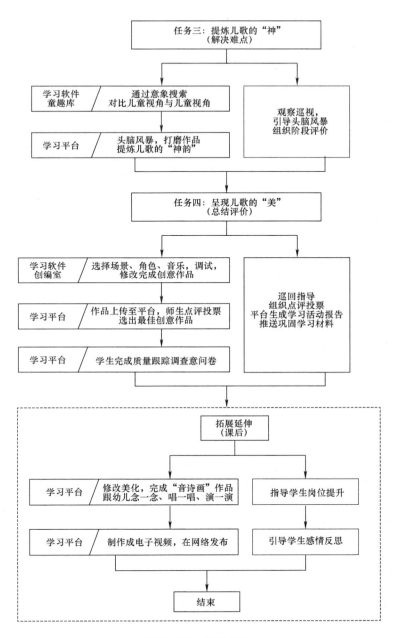

图 4−12 教学流程

十、教学过程与方法应用

教学过程与方法应用见表4-13。

表4-13 教学过程与方法应用

教学环节	教学过程	教师活动	学生活动	设计意图/技术手段
课前准备创设情境	【课前准备】 1. 情境创设：基地幼儿园邀请学生参与毕业汇报演出活动； 2. 平台发布任务，课前准备	1. 发布邀请视频，组织学生讨论； 2. 平台发布任务：家校互动平台收集"童言稚语"，进行高频词筛选，自主选择主题完成一首儿歌	1. 接受邀请，投票决定送上原创儿歌的"音诗画"作品作为礼物赠予小朋友； 2. 登录平台领取任务，下载儿歌App收集主题儿歌，通过改编、原创等方式完成初稿，上传至平台	通过真实项目任务，激发学生学习兴趣，为课堂学习做准备 学习平台
课中探究能力提升	【引出任务】以课前作品的展示，引出本课学习任务	组织讨论、点评学生课前作品，指出初稿存在问题，引出本课学习任务	学生展示课前作品，讨论、点评存在的问题	引出本课学习任务，并在讨论思考的基础上，逐一解决这些问题
	【夯实基础】学习儿歌的"形"	1. 引导学生依托学习软件"结构库"，学习儿歌的结构特点； 2. 引导学生对初稿作品的结构进行修改，体现出儿歌的"形式美"	1. 通过"名作赏析"，学习儿歌的句式、分节等结构特点； 2. 从句式、分节等结构特点，自主修改初稿作品，改出儿歌的"样儿"	运用软件学习儿歌的结构特点，第一次修改作品

续表

教学环节	教学过程	教师活动	学生活动	设计意图/技术手段
课中探究能力提升	【突破重点】掌握儿歌的"韵"	1. 引导学生在学习软件的"韵律库"中学习儿歌的韵律方法； 2. 组织学生小组合作在韵律库中搜索韵脚，再次修改作品，体现出儿歌的"韵律美"	1. 学生通过赏析经典儿歌，学习儿歌"句句押韵、隔行押韵、变换韵脚"等方法； 2. 在学习软件中搜索韵脚，通过联想和想象，小组合作再次修改作品，改出儿歌的"味儿"	运用软件学习儿歌的韵律特点，第二次修改作品
	【解决难点】提炼儿歌的"神"	1. 引导学生运用学习软件，在"童趣库"中进行意象搜索，对比儿童视角和成人视角； 2. 组织学生进行头脑风暴，深化主题。巡回观察，指导学生发挥创意进行第三次修改，体现出儿歌的"灵动美"	1. 在"童趣库"中，通过意象搜索，进行儿童视角与成人视角的对比； 2. 头脑风暴，从儿童的视角解读事物，使用比喻、拟人、夸张等手法，对作品进行第三次修改，改出儿歌的"童趣"	运用软件学习"如何用儿童的语言传递思想"，第三次修改作品

续表

教学环节	教学过程	教师活动	学生活动	设计意图/技术手段
课中探究能力提升	【总结评价】呈现儿歌的"美"	1. 通过学习软件，引导学生在"创编室"中进行创编，完成创意作品；巡回指导学生修改； 2. 引导学生作品上传、展示和点评，投票选出最佳作品； 3. 引导学生完成本课质量跟踪调查问卷，查看平台学习活动报告，分层次有针对性地推送巩固学习材料	1. 在学习软件"创编室"中，选择场景、角色、音乐，修改、合成、调试，完成创意作品； 2. 学生上传作品并展示，相互点评，投票选出最佳作品； 3. 完成本课质量跟踪调查问卷，接收巩固学习材料	1. 运用学习软件，完成创意作品； 2. 平台投票； 3. 质量跟踪调查问卷
课后拓展岗位提升	【拓展延伸】制作成"音诗画"作品，和孩子们分享	1. 引导各组和"学前教育专业群"各工作室合作，美化最佳创意作品，完成儿歌"音诗画"视频创作； 2. 引导学生进行岗位模拟，在和幼儿"念一念、唱一唱、演一演"的过程中提升岗位技能； 3. 指导学生发布作品视频	1. 与工作室合作，通过编曲配乐、美术设计、动漫制作完成儿歌"音诗画"视频创作； 2. 参加幼儿园毕业汇报演出，提升岗位技能； 3. 将作品视频在网络发布，和更多孩子分享快乐	岗位实践"念一念、唱一唱、演一演"

十一、教学反思

1. 收获

本课教学设计的核心思维是：用儿童的语言传递思想，让专业技能与核心素养、职业能力相融合，促成课堂生态的整体优化。

一是在探究中感知。本课采用混合式教学理念，"三混合"体现在基于学习平台的线上线下学习方式的混合，基于幼师核心素质的学前教育专业群课程的混合，基于互联互通的家校企学习环境的混合。学生在"同化、顺应、平衡"的学习过程中夯实岗位技能，全程主动参与，自主体验感知，不断修正作品，开放式任务的完成水到渠成。通过改变学习方式，学生获得主动赢得未来的能力，师生形成"发展共同体"，顺应了"互联网＋教育"的发展趋势。

二是在体验中生成。基于全面发展的能力观，创设真实情境，将信息技术、德育渗透、艺术思维融入儿歌教学，借助学习软件和教学平台，做到三创新——创新儿歌形式、创新写作模式、创新呈现方式，放飞想象的翅膀，实现课堂内外的智慧留痕，思考叠加。在知识传递、吸收内化、输出展示的过程中，学生的表达能力、交际能力、团队意识、信息化素养、职业能力都有了明显提升。

三是在实践中提升。基于能力本位的教育观，课堂的设计始终围绕学前教育专业的岗位需求，课堂活动源于真实岗位任务。从接到任务到学生完成任务后回归幼儿园进行岗位实践，强调学生通过行动实现能力的内化和运用，提升学生的专业核心素养始终是教学的聚焦点。

2. 审视

由于技术的局限，教学软件的资源还需要在日后的教学中进一步丰实。我们也不断提醒自己，要站在学生角度换位思考，针对学生创作能力有差异的客观事实，寻找学生的最近发展区，实现全体学生共同进步的目标。

3. 对策

利用网络与学生互动，深入他们的学习空间和内心世界，经常给予激励性评价，真正培养充满创意、情感丰富、全面发展的学前教育人。只要每一个学生的价值都得到尊重，素养都得到提高，个性都得到展现，活力都得到激发，"创新改变未来"的梦想将触手可及。

（本项目为南通市职业学校教学大赛信息化教学设计比赛一等奖作品，参赛团队成员为钟蔚、宋健、杨一丹）

第五章

"职味课堂" 的教学推广

第一节　科研探索

教科研：教师专业发展的触发器

教师的专业成长是一种典型的登山模式，有的教师目标明确，步伐坚定，"登山不以艰险而止，必臻乎峻岭"；有的教师却满足于"涧底百重花，山根一片雨"，浑浑噩噩中不知"时间都去哪了"。面对教师专业发展的困惑，我校以"新职业教育实验"为落脚点，将教科研作为促进教师专业发展的触发器，聚焦"教育共同体及其生活世界改造"，启动了教师专业发展的破冰之旅。

一、真假之辩——价值取向的本真诉求

不懈地探索未知领域，获取新知，寻求理论的支撑，进行思想的超越，从而催生智慧，这是经典的教育科研价值观。在这样的经典认同下，"新"代表着具有社会知识建构的价值，这对于职业学校的普通教师而言，其实是不现实的，也超越了对教师职业的本体要求，使教育科研在大众的心目中，被赋予神圣、高傲和冷漠的形象。事实上，现实中的教育科研往往被功利所裹挟，鱼目混珠、真假莫辨的现象在很多学校比比皆是，让教师的专业发展陷入迷茫和无措。

困局一：浮而不实的"两张皮"。

目前，很多职业学校对于教育科研的价值定位存在功利性倾向，不是从学校教学实际需求出发，而是将教科研当成了展示办学水平和实证办学业绩

的盆景，认为理论研究太虚，不能迅速转变为现实的教学"生产力"，还不如在教室里上上课、在车间里动动手来得有效益。基于这样的价值取向，很多教育科研问题的提出不是基于学校教育教学中的真实问题，而是按照理性逻辑与规范进行"纸上谈兵""闭门造车"式的设计、操作，研究的结果与教学实践距离甚远，根本无法触及学校教育教学改革的"灵魂"。教育科研往往沦为装饰学校门面、应付各类验收的光鲜亮丽的"塑料花"，和教师的专业发展相距甚远。

困局二：敷衍了事的"空壳课题"。

有人用"申请时主动，立项时激动，过程中不动，检查时被动"来形容那些为应付评职称、评先进的"空壳课题"，这种说法颇为形象生动。这类教育科研课题急功近利，东拼西凑了一堆理论，却没有实质性的研究内容和过程，或者是研究内容与教学实践不"贴身"，往往"隆重开场"却"草草收场"。这种教育科研浪费人力、物力、财力，是教育科研"打假"的"重灾区"。

困局三：主体游离的"赶鸭子上架"。

本该作为教育科研主体的教师，事实上脱离了科学研究，并没有"真实在线"，而是将生活方式窄化成了照本宣科的"教书匠"。甚至还有这样的观点，认为教育科研是领导和部分教科研人员专享的"奢侈品"，让教学任务繁重的教师做教育科研，就像逼迫穷人捐款一样不道德。本该出于教育自觉的科研行为在很多职业学校却有了"赶鸭子上架"的无奈。

解困利器："新教育"倡导"只要行动就有收获"的行动哲学。"新职业教育"同样注重实践和行动。重实践，就是用踏踏实实的行动赢得教育教学的话语权；重行动，就是不夸夸其谈，用事实来说话。这样一种求真务实的价值取向对于学校教育科研的影响至关重要，同时也为教师的专业发展注入正能量。

在新职业教育的引领下，学校教科研部门立足"让科研看得见"的管理理念，建立起科学严谨、思辨与实证统一的科研规范，营造求真务实、简朴高效的科研文化，对教师的专业发展"外压内促"。在"外压"层面，一是建立了学校教科研成果的每日公示制度，凡是教师中有人论文发表或获奖、教学竞赛获奖、执教县级以上公开课，所有的教科研成绩都在第一时间在校园网上公告、表扬，并通过省市级媒体推介，尽可能地推广影响面，从而对教师产生有效的激励；二是强化了对教师的考核与鞭策，每位教师都制订了详尽的三年发展规划，学校对教师的专业发展规划进行了严格考核，并在网上公示专业进展情况及考核结果；三是建立了各类竞赛的选拔机制，变原来单一的系部推荐参赛选手为"教师申报、系部选拔、学校征召"相结合的参赛机制，并将参赛结果纳入系部考核，从根本上改变"敷衍""照顾""拉壮丁""无考核"的竞赛状况。在"内促"层面，一是启动"书香教师工程"，组织读书沙龙活动，从根本上改变了教师的生活方式；二是做好了各类竞赛的组织和辅导工作，不断提升教师的教学竞赛水平；三是组织教师积极申报南通市名师发展团队、省市级名师工作室、南通市教科研优秀成果，为教师的专业发展搭建了更多平台；四是组织了各级课题主持人的培训，强化了课题的过程管理，切实提高了课题研究的实效性；五是强调了"将论文写在课堂上"的科研理念，并积极与江苏教育、南通教育研究等杂志联系，举办了多次写作沙龙，为教师的专业写作提供强有力的支撑与服务。

我校通过一系列教科研规范的制定，扎起了教育科研的"场子"，卷入了更多的研究群体，从单纯地为课题研究而研究，把目光转向关注教育科研的真实效益；通过创设求真务实的科研文化，引领、促进人的发展，使教师的"在场"研究生机勃勃。教科研价值取向的校正是我校解困教师专业发展困局的关键一步。

二、雅俗共赏——研究内容的核心观照

新教育倡导一种"上天入地"的教育科研，认为只有理论付诸实践，真正做到研究"入地"之时，教育科研才能找到生长点，扎根于教学实践汲取养分，从而抽枝拔节，蓬勃生长。"新职业教育"基于行动、基于校本的科研观，倡导一种"雅俗共赏"的教育科研范式，扭转了广大教师对于教育科研的认识偏颇。

误区一：很多教师抱有这样的观念，教育科研是领导的事、专家的事，离我们普通教师太遥远了。

误区二：有些教师认为，教育科研是"高大上"的东西，我们普通教师上上课，教教学生，这些琐碎、细微、俗气的东西有什么值得研究的呢？

勘误利器：新教育以"草根运动"著称，强调开展行动的科研、校本的研究。"新职业教育"的教育科研同样注重从职业教育实际出发探索并确定研究问题，鼓励教师从身边的教学空间寻找科研契机，遵循英国著名人类学家马林诺夫斯基所概括的"从这里""到那里""回到这里"的教育科研基本路径，以校本行动研究为基本范式，在行动中研究，在研究中改进行动。

我们相信，不同的教育科研范式其实各有其适用领域和针对性，研究内容所谓的"雅"与"俗"并不意味着"高"与"低"，也不存在逻辑上的隶属关系。在"新职业教育"的教育科研常态下，学校领导、教科研专职人员与基层教师在研究内容的选择上的分工和科研范式的不同，使教科研呈现丰富的层次性。管理层面聚力于落实教育行政部门的决策，将方案、计划转化为任务和行动，针对各环节上出现的问题，学校管理人员在这些研究项目上大做文章；教学层面聚力于将职教新理念转化为教学理念，教学理念生成教学行为，教学行为提升教学品质，教学品质沉淀为教学智慧，一线教师在此过程中撷取自己研究的"兴奋点"，展开真实研究；教育层面聚力于关注学生的心灵世界，体验学生的生存方式，广大的德育管理人员、班主任凭借着一双双"慧眼"，发掘出典型性的研究案例，经过思维加工过程，形成了一批有价值的教育科研问题。

这样一种"雅俗共赏"的教育科研范式，既有教育理论的智慧支撑，又与教育实践紧密贴身，既有专家和专职科研人员探索理论发展的前沿，能"上天"，又有广大一线教师探索教学实践新形态，能"入地"，为破解教师专业发展困局提供了新的思路。

三、官民合力——研究形式的发展生态

"新教育"认为，真正的教师生活解放不能仅来自与外部的融合，而是源自教师对自身的认同与自身的完整。从这一意义上反思现行的教育科研：我们已经习惯于打着"官方"的旗号，通过行政手段将教改理念、教学模式等轰轰烈烈、热热闹闹地推而广之，喧嚣之后，留下了不少棘手的难题。

难题一：教师工作任务普遍较重，研究精力不济，教育科研能力水平参差不齐，教科研意识的觉醒也存在较大的差异。"官方"层面组织的"高大上"的教科研活动，其组织形式、活动内容、推广理念不一定适合每个教师的"胃口"，活动效果不一定经济。而貌似不起眼的"民间"往往蛰伏教师专业发展的内在力量。那么如何有效整合"民间"力量形成"官民合力"，从而促成教师的专业发展由自发向自觉转变呢？

难题二：在教育科研选题的时候，为达到课题立项的目的，"官方"的视角往往聚焦在一些大价值、大意义、大难度的选题，这些"大课题"的研究者通常被学校领导、行政人员"垄断"，一线教师参与度不高。"大研究"往

往导致研究成果指向与课堂教学脱节，难以产生辐射效应。而普通教师的"微研究"往往侧重于教师自我教学细节的"修补"，无法有效撼动现有的教学秩序。那么，怎样的研究形式才能将"顶层设计"与"民间策应"有机结合，形成"官民"互动的教科研生态呢？

难题三：在"做大、做强"的职业教育新态势下，很多职业学校存在着规模大、教育科研力量分散的状况。以我校为例，同一专业、学科的教师分散在不同的校区、不同的系部，经常组织大型的"官方"教科研活动不太现实，如何形成高效、经济的常态化教科研，又不兴师动众、劳民伤财呢？

破题利器："新教育"倡导互助与协同发展，强调"学习共同体"的建设。基于这样的教育科研理念，我们的"新职业教育"倡导"官民合力"，相信教师的首创精神，相信"民间"突破的伟大力量，催生"抱团作战"的教师专业发展新生态。

一是将"大课题引领"与"微课题切入"有机结合。我们通过学校层面的大课题引领教育科研方向，分解、实化为切合教育教学实际的"微课题"，教师也可以针对自己教育教学中的"微问题"，探寻解决策略，改善教学生态，形成真实的"微课题"，学校用"官民结合"的研究方式形成撬动教师专业发展的杠杆。二是将"行政引领"与"微团队互助"有机结合。学校通过行政规划，依托名师工作室形成学校科研的"民间"通道，形成一种"官方参与，半官方主办，民间唱戏"的科研样式，形成具有"新职业教育"特色的科研范式。例如，以名师工作室为依托，强化工作室的"每月一事"主题教研活动，精心设计活动形式，以主题教研为基础，每月一主题，主题围绕课题，课题紧扣问题，使"每月一事"真正聚焦现实问题，成为工作室成员的"个人专场"。由于各工作室成员兴趣相投、专业相近，有共同的兴趣和爱好，自觉自愿地参与研究，而非"赶鸭子上架""抓壮丁"，因此产生了巨大的研究动能，形成团队研究的磁力场。三是将"大教研引领"与"微教研丰盈"有机结合。我们以体现"官方意志"的"大教研活动"如校级现场会、观摩会、研讨会、报告会等引领教育科研方向，通过微信群、QQ群、教育博客等工具进行网络沙龙、教学反思、在线讨论等多姿多彩的"微教研"。这些"草根化"的教研方式让学校的教科研变得常态、高效、务实，形成了亲厚稳定的教研共同体，不失为解困教师专业发展困局的"低碳"策略。

四、刚柔相济——管理机制的优化升级

"新教育"的核心追求是"过一种幸福完整的教育生活",所谓的"幸福完整"应该是顺应人性的,能实现"人的和谐成长"。但是,当"幸福的憧憬"遇上"刚性的制度",现实的教科研便面临着"左右为难"的窘境,制约了教师的专业发展。

窘境一:常规科研是衡量一所学校科研水平的基石,尤其在"二级管理"的架构下,学校科研缺乏实质性的"载体",以往我们总是以"压迫"性的工作方式,逼迫教师进行科研活动,教师也把科研看成一种负担、一种任务、一种外压,缺乏基本的内驱,这从根本上限制了学校科研的品质提升。

窘境二:刚性的教育科研管理制度令教师反感和抵触,分解论文上交指标、强制指派教师参赛等行为令科研管理部门处于无奈的窘境。然而人都是有惰性的,过于宽松的管理机制会让人心生懈怠,缺乏研究动能,让学校教科研品质下跌。

学校该如何在"刚"与"柔"之间寻找到一个平衡点?

化窘利器:"新职业教育"认为,学校的科研管理要拓展维度,要从关注科研之"事"的管理拓宽至对科研之"人"的关怀。基于这样的管理理念,我校将"尊重人、发展人、成就人"作为核心追求,通过"刚柔相济"的"优化升级版"的教育科研管理机制引领和促进人的发展,破解教育科研的现实窘境,使教师过上一种爱研究、会研究的生活。

一是基于"让每一个人都过上幸福完整的教育生活"的管理理念,形成"互助协作、抱团作战"的教师团队管理思路。学校通过柔性的过程管理,在促进教师专业发展的同时也有意识地激发教师的幸福感、归属感。在名师工作室、国示范项目组、青年俱乐部、各级课题组等"学习共同体"的团队建设过程中,学习成为教师的一种职业态度,研究成为教师的自身需要,学校成为教师精神的温馨家园。在团结协作、互助共赢的科研氛围中,教师有共同愿景,快乐工作,不断提升,形成了人人都有共同体归属,人人都在共同体中的良好局面,使每位教师在拥有"系部"归属感的同时,更有"专业"归属感和"室"归属感,促成其发展自律,形成科研自觉。学校通过柔性的科研管理机制,提高了教科研对教师的吸引力,引领每个教师自觉地走上专业发展之路。

二是刚性的管理制度由"外力强压"转变为"自觉受压"的形式,使教师养成科研的意识和习惯。我校制定了校级"学科带头人""骨干教师"评选制度，由个人对照条件主动申报，系部把关初审，科研处协同相关处室终审，本着"宽评审、严考核、重实绩"的原则，对校级教学骨干采用逐年考核制和任期制，打破了校级骨干"终身制"的惯例；学校出台了海门市级以上教学骨干年度践诺制度，对其专业发展实绩进行公示、排名，以外压和内促的方式促成他们的专业发展，形成了一支教科研骨干教师团队，作为科研的"近卫军"促进了全校教师的专业发展。

　　教科研是学校的核心竞争力，是撬动教师专业发展的杠杆。在"新职业教育"的良好愿景与实践现实之间，我校把教科研范式根植到每一个教师的专业发展过程中去，在教育教学实践中脱胎换骨、百炼成钢，打造出独特的海门中专教科研模式，成为解困教师专业发展、回应美好期待的一个样本。

（原文发表于《江苏教育研究》，2016 年第 6 期）

第二节　团队建设

工作室引领下的名师孵化新样本

　　作为一所师生规模近万人的职业学校，海门中专一度面临着师资队伍建设"高原发展"的瓶颈。职味英语名师工作室立足于学校发展的需要，聚焦"三阶三型"名师、优师立体培养模式，进行了大胆的实践论证，探索出卓有成效的名师、优师孵化新样本。

一、基于现实的原点追问——"我们为什么做"

　　加强师资队伍建设是江苏省现代化示范性职业学校建设的重点任务之一，名师培养则是师资队伍建设链条上的一个重要环节。近年来，海门中专师资队伍建设在教师学历结构、双师结构等方面取得了喜人的进展，但由于办学规模的日益扩大，学校合并后的专业调整，大批新教师引进等原因，师资队伍建设仍是发展的瓶颈所在：一是教师的专业结构和专业素质尚不能满足高素质技术技能型人才培养的要求，科研水平尚跟不上教学改革、产业升级和社会发展的步伐；二是名师、优师队伍培养工作需要进一步加强，尤其缺乏在国内相关行业和领域享有较高声誉的"名师"。学校该如何激发优秀教师专

212

业发展的动能,促成师资"软件"的优化升级,培养出一批能够支撑并推动学校可持续发展的中坚力量?

二、基于需求的目标朝向——"我们要做什么"

基于以上原因,以名师工作室为孵化器、拓展教师发展空间、助力学校师资建设已成为学校内涵发展的"命题作文"。海门中专以职味英语工作室为试点,进行了名师工作室育人模式的积极尝试。通过探索"三阶三型分梯度多元发展、载体孵化多层面外炼内修"的名师、优师立体培养模式,解决中职英语教师专业水平跟教学改革、产业升级和社会发展有差距、个体发展与团队发展不协调的问题,形成成熟的教师培养机制,完善相应的师资管理制度、培训制度和人才激励制度。通过分阶、分型的个性化打造,实现中职英语名师、优师的培养目标,催生教师优势成长,培养一批市级、县级、校级英语学科带头人和骨干教师,促进英语教师的多元化、可持续发展。

三、基于过程的模式试水——"我们怎么去做"

(一)模式构建:"三阶三型",分梯度多元发展

1. "三阶"分段演绎梯度动态成长

名师的专业成长是教师专业结构、专业素养不断更新、完善的一个动态的发展过程。职味英语工作室将名师、优师的成长分为三个发展阶段——成长阶段、成熟阶段、成名阶段,以职业生涯规划为成员各阶段成长确定目标,应用 PDCA 科学管理方式,指导、引领、组织、实施、监控、评估成员的专业成长,使其成为不断超越、持续提升的动态循环发展过程:夯实"成长"阶段,淬炼英语学科教学技能,通过专家传帮带,明晰成长任务,由"普师"向"良师"迈进,实现"平原快跑";厚实"成熟"阶段,抓住专业成长黄金期,潜心研究专业,形成教育教学风格,由"良师"向"优师"进发,实现"坡道攀升";催生"成名"阶段,形成独特的教学特色,在专业领域有丰硕成果,从优秀走向卓越,由"优师"向"名师"冲刺,实现"高原超越"。

2. "三型"定位催生多元优质发展

基于对教师职业生涯规划的科学认识,多角度、多元化、多渠道促进名师、优师的成长,形成符合中职英语教师实际的分段、分型立体成长线路图、时间表,不同"段"和"型"的培养途径各有侧重:立足职业教育对英语教

师的岗位需求，在成长阶段注重通过专家传帮带、各类培训进修、教学观摩研讨、公开课展示、业务竞赛等途径夯实教学技能，成为素质高、技能强的"技能型"教师；成熟阶段注重厚实教科研底蕴，通过参加教学改革、课题研究、论文撰写、教学沙龙等途径向"研究型"教师发展；成名阶段注重形成专业发展特色，通过课程建设、主编教材、出版专著、教学成果奖申报等途径打造"特色型"教师。鼓励有能力、有特长、有干劲的成员全方位、多元化、跨越式发展。通过分段、分型定位发展目标，让成员的成长目标由模糊走向清晰，整个发展过程从"职业"到"事业"到"理想"，达到专业发展的理想境界。

（二）管理体系：载体孵化，多层面外炼内修

名师、优师的培养是一个有机的、生态的系统工程，职味英语工作室巧借力，求助力，齐发力，孵化培养载体，形成发展合力。

1. 学校倾力，"名师工作室"打造最优成长环境

学校为名师工作室配备了最优的硬件和软件环境，提供强有力的经费支持。以"名师工作室"为磁力场，让一批优秀的英语教师找到属于自己的"栖息地"，既让工作室成员的专业发展有了事实的依托，更为其发展困惑提供过程援助。对工作室成员的外出研修、各类培训、教学研讨活动大力支持，为教师的可持续发展"铺路子"；通过让其参加职业英语技能大赛、教学大赛、承担科研任务，为成员"压担子"；通过在校网进行专业发展成绩晾晒、向全市开设名师展示课等方式，为其成长"搭台子"；通过荣誉激励、成长规划绩效考核、"名师工作室"由校级升级为"市级"，再争创"省级"等方式"创牌子"。英语教师的精神需求得到满足，工作激情不断迸发，在专业发展绿色通道上实现了"平原快跑""坡道攀升""高原超越"的预定目标。

2. 专家给力，"专家服务站"打造最强成长引擎

工作室邀请南通大学教授、省市级专家加入，和高校联合打造"专家服务站"，以此为载体，放大"师承效应"，对工作室成员的专业发展进行传帮带，提供全方位、全过程指导。专家与工作室共同制订成员培养建设规划，一对一承担导师工作，帮助成员找到"成长点"；对成员进行全程跟踪服务，通过教学指导、科研指导、参赛指导，提高其理论和实践能力；共同制订工作室发展规划，明确了工作室"创境、笃行、践知"的"职业情境教学"研究方向、"重基础、求创新、强实践"的"信息化与英语课堂融合教学"研究方向，共同开发职业情境英语课堂、信息化英语课堂的教学资源，建设中

职各专业的"职味英语"课程。

3. 团队助力,"名师俱乐部"构建最佳发展生态

基于"互助协作、抱团作战"的团队管理思路,工作室每月举办"名师俱乐部"活动,为成员团队均衡发展创设理想平台。一是变"孤研"为"群研",俱乐部活动以专家讲座、成员汇报、教学沙龙、成果展示等形式,分享成长经验,成员助力团队均衡发展;二是变"盲研"为"明研",为成员定制个性化"成长导图",开设每月任务单,明确阶段发展目标,每个成员在俱乐部活动日晾晒目标达成情况;三是变"虚研"为"实研",工作室将教材编写、课程建设、业务竞赛、指导学生参赛等工作任务以"项目承包"的形式,鼓励成员组团进行项目攻关。俱乐部活动日同时又是项目成果展示日,成员以名师俱乐部活动为交流学习平台,相互借鉴,共同提升。

4. 成员发力,"成长任务单"激发最强发展内驱

以"成长任务单"为载体,强化工作室成员的发展内驱。明晰成长目标,变"逼着往前走"到"自觉向前走";制定"岗位练兵""专项研修""分层定向"三"段"三"型"任务单。在"成长"阶段,明确职业身份,树立职业意识,通过系统的专业学习、岗位练兵,做到学高身正,增强专业发展的竞争力;在"成熟"阶段,明确专业身份,明白发展方向,实现一般教师向优秀教师的精彩转变;在"成名"阶段,明确目标身份,结合个人特质,形成自己的"教学基因",实现由好教师向名教师的华丽转身。

(三)机制构建:制度关照,多举措"三优"发展

在学校强有力的支持下,工作室形成了名师、优师"优先发展、优势发展、优厚发展"的"三优"成长机制,通过"刚性培养、柔性培养、滚动培养、跟踪培养"的"四式"培养方式锻造优秀教师团队。

1. "三优"成长机制熨暖人心

学校制定了《海门中专名师工作室管理制度》等制度,确保名师、优师"优先"发展;制定了《海门中专教学骨干后备人选遴选制度》等制度促进名师、优师"优势"发展;通过《名师工作室考核办法》等制度规范对工作室及其成员的考核评价,加大对名师、优师的奖励力度,"优厚"发展工作室教师。

2. "四式"培养方式驱动前行

工作室通过刚性培养确保对成员的学历、教师资格证等刚性要求的达标;通过柔性培养进行人文关怀,如尊重成员的发展愿望,满足其参加培训进修、

参与教育科研的需求等，保证培养的开放性和多样性；通过滚动培养为成员建立了各阶段成长档案，引导成员从一个高度走向另一个高度；通过跟踪培养加强对成员各阶段成长的跟踪关注，及时提供过程援助，促进成员"螺旋式"的动态发展，保证了培养方式的经常性、连续性。

（四）价值引领：文化浸润，多维度厚实底蕴

工作室摆脱名师、优师培养的"唯技术论"，重视教师专业发展对"文化"的本真诉求。

1. 从文化单一向文化多元嬗变

在尊重生命多样性的基础上，注重工作室成员的内涵发展，培养软硬技能。通过多阶多型的个性化发展、差异性发展，用多个载体驱动发展、多把尺子衡量教师，使成员的专业发展呈现出"异"样的精彩，有效规避了英语教师专业发展的单一性。

2. 从文化渗透向文化引领递进

名师、优师的培养是一个文化活动，从研究方向、工作室理念等方面对成员产生潜移默化的文化渗透，到"课堂文化""工作室文化"引领成员的发展，形成了被工作室文化浸润的"文化场"，同时合理嫁接西方文化，将英语教师培养的显性目标和隐性目标都融入其中，使成员真正做到"文武兼备"。

3. 从文化缺失向文化生成转向

工作室实施名师、优师培养的"新文化运动"，改变了培养目标、培养方式、培养过程、考评方式"技能挂帅"的做法，避免"培养单向度的人"，将培养过程演变成青年教师教学技能的建构过程、教学理念的创新过程、自我价值的实现过程，专业发展过程成了成员师德完满、教学精良、精神愉悦的体验场。

四、基于成果的实践验证——"我们做成了什么"

（一）模式成型：从蹊径初探到策马平川

工作室成员积极参与教学改革、课程建设、业务竞赛等，抓住各种发展机遇，实现了跨越式、多元化的协调发展。形成了"成长路径从单一走向多元，学历与学力同步增长，课堂教学与企业实践齐头并进，反思研究与行动导向一着不让，专家引领与自我发展相互补充"的可持续发展态势，成功地打造出一批市级学科带头人、骨干教师，探索出中职学校名师、优师教师培

养的可行性模式。

（二）名师发展：从一抹亮色到精彩纷呈

经过卓有成效的历练，工作室成员发展成果喜人，在省"两课"评比、省教学大赛、省职业英语技能大赛等各类赛事中摘金夺银，积极参与课题研究，撰写论文在省市以上刊物发表，在课程建设、教学实践、专业发展方面成果精彩纷呈，实现了英语教师队伍建设的预期目标；同时工作室由校级升格为市级名师工作室，正朝向省级名师工作室努力。

（三）专业建设：从蜻蜓点水到如鱼得水

文化课教师对学校专业建设的参与向来是蜻蜓点水，角色缺失，而"职味英语"的研究让英语学科与专业亲密"联姻"，工作室成员开发了系列专业英语校本教材，同时畅通了"英语教师走出去锻炼，专家走进来讲学"相互贯通的途径，为文化课教师参与专业建设提供了范本。工作室成员普遍参与了学校专业建设、课程建设、项目建设，积极投身于现代学徒制试点、中高职衔接试点、专业群建设等项目，与学校"同命运共发展"。

（四）育人成果：从星星点灯到阳光普照

工作室的育人成果丰硕，辅导的学生在省市级职业英语技能大赛、课本剧大赛、社团展示等各级各类赛事、活动中均有出色表现，从工作室成立初期"星星点灯"的"小满意"到建设后期"阳光普照"的"大成果"，实现了"培养高素质技能型人才"的预设目标。

五、基于问题的深度审视——"我们怎么做更好"

（一）激发内驱是前提

基于"以师为本、自主发展"的教师管理理念，工作室提出了"让专业成长看得见"的培养理念，对成员的专业发展"外压内促"。要进一步将工作室成员的"展演秀"作为名师、优师培养工作的重要抓手和基本动作，在共同的发展愿景基础上，让成员自选专业发展的"规定动作"和"自选动作"，激发成长内驱，发展个性化教学风格，培育特色鲜明的名师、优师。

（二）载体孵化是关键

培养载体既要体现学校层面对名师、优师发展的顶层设计，又要尊重教师自主发展的意愿。要进一步思考如何依托"名师俱乐部""专家服务站"等培养载体，促成成员的发展自律，形成成长自觉。工作室要依托载体，开展系列主题"微教研"，通过产生"微变革"，生成连续的"微成长"，形成广泛的"微效应"，以"微效应"的"量变"积聚出成员专业成长的"质变"。

（三）制度激励是保障

工作室对优秀教师的培养工作要注重"奖惩结合、激励为主"，根据成长任务单，对工作室成员在自我进修、业务学习、教学科研、教学工作等方面进行考核，在工作室成员感受到成长紧迫感的同时，要立足人文关怀，对成员的发展进行激励性、导向性、纠正式的评估，形成"有规有矩、有职有责、有展有演、有奖有惩"的名师工作室管理制度，从而推动名师、优师的专业发展"向青草更青处漫溯"。

（原文发表于《江苏教育》，2018 年第 60 期）

第三节　素养提升

数字时代：职业态度决定专业命运

当教育跨入风起云涌的数字时代，计算机和互联网技术飞速发展，全新的互联网文化为我们提供广阔的教育资源、传播途径和教育方式，为教育教学提供了一个海纳百川的精彩世界。信息技术在日新月异，教育教学方式在风云变幻，作为职业学校的教师，我们不能袖手充当教育变革的旁观者，更不能再用"农业时代的日程表""工业时代的标准"去铸就数字时代的学生。叩问职教人，我们该怀揣怎样的职业态度，该如何掌控自己的专业命运，才能成为屹立数字时代风头浪尖的弄潮儿呢？

一、光怪陆离的数字时代——教师专业成长之困惑

1. 当成长的步伐过于沉重——遗憾的集体无意识

数字时代的到来似乎并未给广大教师"减压"，大家翘首期待的"轻松了""解放了"的日子并未如约而至。很多教师疲于应付着做不完的 PPT、各种形式的信息化培训和各类信息化赛事，"劳力而劳心"成了我们教育生活的一个"剪影"。"一支粉笔打天下"的日子也混不下去了，现实和理想的落差让不少教师怨声载道。科技的进步必须有教师素质的同步提升来匹配，否则再深的科学内涵、再高的科技含金量也是繁荣的假象。当教师专业成长的满

足感依旧在带着功利色彩的"评职称""评先进"等目标上低位徘徊的时候，当职业教育也开始被对口单招升学率、专转本录取率、各类大赛奖牌数等数据所捆绑，可量化打分成为评判教师专业成长的生命线的时候，这种集体无意识带给我们的不是令人憧憬的"能力发展""专业成长"，而是令人遗憾的"故步自封""专业萎缩"。迈着沉重的成长步伐，数字时代的职校教师该如何谋求改变，过一种"劳脑而轻心"的教育生活呢？

2. 当媳妇终于熬成了婆——可怕的职业倦怠

我们很多老师也曾经胸怀激情，辛苦打拼，在积累了自认为丰硕的资历后，便开始缺乏新的憧憬和前进的动力，在专业成长的道路上沾沾自喜、踟蹰不前了。"我已经评好职称了，还学那么多东西干吗？""信息化教学是那些年轻教师需要捣鼓的东西，我就算了吧！"这些"资深"教师满足于传统的教学方式和模式，面对鲜活的数字化教学变革表现出陌生和茫然、麻木和敷衍。如何激活陷入沉睡的专业追求，颠覆"小富即安"的专业满足，克服因循守旧的行为惯性，坚定步履维艰的专业跋涉，已经成为克服职业倦怠的重要命题。与其每天东一榔头，西一棒子，忙碌而无为，还不如确定一个"跳一跳，够得着"的发展目标，制订一个有始有终的职业规划，走出职业倦怠的"平原徘徊"，挑起专业成长的"高原革命"。

3. 当信息化培训成为"一头热"——尴尬的"被成长"

信息化培训在职业学校里遭遇到了"剃头担子一头热"的尴尬。例如，本市在今年暑期组织教师进行交互式电子白板应用培训，主办方花了大量人力、物力、财力，试图给教师的专业成长安上助推器，结果费时费力却不讨好，很多教师以种种借口请假甚至"逃课"。其原因就在于一个"被成长"，只有外部力量，缺乏内部动因，无法激发教师的内驱力和生命潜能，反而成了沉甸甸的"额外负担"，使教师心生反感。"凡为外所胜者，皆内不足；凡为邪所夺者，皆正不足。"只有将勉为其难的"被成长"演变为源自教师的"行为自觉"的"主动成长"，教师才能产生足够强大的内心力量去抵御功利主义职业心态的侵蚀，才能咬定专业发展目标，始终朝向专业发展的"地平线"，幸福地行走。

4. 当雾霾迷茫了前行的方向——无奈的专业迷失

数字时代给我们带来了信息畅通、资源广博的极大便利，然而同时也让很多教师被鼓吹各种教育理论、宣扬各种教育时尚的信息所困扰。海量的信息资源"乱花渐欲迷人眼"，让职校教师在光怪陆离的信息化世界里晕头转向。良莠不齐的数字资源该如何甄别，专家不遗余力推销的"模式""理念"该如何取舍，这就需要我们的教师生就一双慧眼，以审视的目光、研究的态度，择优存精，在繁芜丛杂的数字化海洋里大浪淘沙，找准专业成长的方向，才不至于陷入"人云亦云、亦步亦趋"的迷阵。

二、拨开云翳见月明——教师专业成长之落点

英特尔公司的首席执行官克瑞格博士曾经说过："如果教师们都不清楚应该怎么去有效地利用技术，那么那些与教育有关的技术就没有任何意义。计算机其实并非什么神奇魔法，唯有教师才是真正意义上的魔术师。"数字时代给我们提供了一个专业成长的技术平台，只有以倾情付出的职业态度投入教育工作，掌舵自己的专业命运，才能去寻求真正意义上的"幸福而完整的教育生活"。

1. 在培训学习中积淀底蕴

教师专业成长的过程其实是一个持续的、动态的、发展的学习过程。在数字时代的教育教学大变革中，作为参与和推动变革的主体，教师必须要做好自身课程观、教学观、评价观、发展观等的转变。而达成这些转变的首选途径就是培训学习。当计算机和网络作为一种文化渗透到数字时代生活的各个角落时，我们要"善假于物"，引千道清泉，聚万座富矿，通过在职培训、教育资源服务平台学习等各类网络资源了解新动态、掌握新情况、吸收新知识、锤炼新技能、凝聚新智慧，也就是时下所倡导的教育要"与时俱进"。在数字时代，做"学习型教师"应当成为每一位教师的追求目标。我们不能把教育工作仅仅当成谋生的"饭碗"简单地对待，而应该以孜孜不倦的"学习者"的态度自觉面对教学。什么是交互式开放性教学？翻转课堂的优势在哪里？怎样进行网络课程平台建设？这些新兴的理念、模式、技能都应该成为我们关注的焦点。只有真正把学习看成专业生存和发展的需要，及时调整专业发展行为方式和活动安排，在学习中吸纳丰富营养，积淀专业底蕴，才能成为专业发展的主人。

2. 在实践探索中彰显个性

教师专业成长的过程也是一个不断学习、不断思辨、不断探索的实践过程。数字时代为教师的专业发展提供了"动力源泉"，教师如鱼得水地享用各类资源的同时，也有眼花缭乱、不知所措的困惑。倘若过于依赖网络资源，上课课件靠下载，练习题目靠复制，反思总结靠拼凑，长而久之，本该是

"知识传播者"的教师便有可能沦为"程序化的奴隶",失去独立思考、因材施教的能力,最终将被数字时代无情地淘汰。因为冰冷的"数字化机器"绝对不会尊重没有个性的"数字化的人"。所以在这个专家群起、"理论泛滥"的时代里,教师要学会运用自己的教育智慧,汲取他人的教育精髓,要博览,会鉴别,有取舍。而后在自己教育教学实践中进行有机融合、修改完善,化外力为己用,内化为自身认同的教育观念与行为,形成独特个性,方能解决好知识更新与个性创造之间的矛盾,"不畏浮云遮望眼",最终实现"数字化生存"。

3. 在合作学习中获得共赢

教师成长的过程也是一个团队合作、同伴互助、取长补短的学习过程。传统意义的合作学习往往局限于一个教研组、一个学校的某一时间点或者时间段,拘囿于狭小时空,很难突破时空局限,实现大范围实时交流学习的愿景。随着数字时代的到来,充满活力的、可视的、交互式的网络世界给广大教师提供了分享数字化资源的途径,畅通无阻的实时互助学习不再是梦想。QQ群、博客等社会性软件为广大教师创造了平等的交流学习环境,教师只要具备最基本的信息技术能力就可构建和应用此类合作学习和共同发展的平台,课堂教学、课程进度、课件制作、课改趋势都可以是其中的热聊话题。譬如当前流行的教育博客,在教育博客聚合的环境中,教师可以晾晒自己的教育故事,叙述自己的教学反思,呈现自己的教学困惑,"问计"于同行,汇聚团队智慧,谋求有品质的专业成长。一群教育人以开放的心态、共鸣的方式相互促进,一起构建探讨教育理念、教育方法、教育规律的人文网络环境,形成卓有成效的"学习共同体"。教师还可以共同搭建各类教育资源网站,以专业成长生态体、实践知识共享体和团队学习职能体的形式为合作学习建立更开放的沟通渠道,与来自不同地区与学校的教师进行专业合作,使自己的专业视野更加宽广。

4. 在师生交流中融合鸿沟

在数字时代,只会"靠一支粉笔打天下、一张巧嘴混课堂"的教师已经过时了。师生之间的交流途径不再局限于上课点名提问、下课促膝谈心。信息技术或许带来了人际交流的情感匮乏,淡漠了"面对面"谈话的温情,但是如果我们善于发掘信息技术超越时空的隐性交流功能,"让沟通转个弯",在某种程度上会让师生交流更真实、更自如、更有价值,也更能赢得中职生的心理认同。远离网络的教师无法理解职校生对上网的痴迷,听到学生之间流行的网络用语常常如同坠入云雾,更无法体会学生们使用 QQ、微信、陌陌聊天带来的交流上的满足。面对这一数字化鸿沟，教师只有两个选择，要么花足心思跃过来，要么无可奈何掉下去。笔者认为最好的方式是通过师生真诚交流融合这一心理天堑。教师可以充分利用 E - mail、QQ、Blog、Internet phone 等网络技术搭建班级交流平台，与学生建立沟通渠道，解决学生学习中的困惑、心灵旅途中的迷茫，引导学生汲取网络文化正能量，如设置任务让学生利用网络收集学习信息、组织学生进行个人网页设计比赛、教会学生通过网络教育课程自主学习等。教师要顺应学生的心灵渴求，在充分了解学生需求的基础上，形成良好的师生无障碍互动，避免出现"你的柔情我永远不懂"的尴尬。

5. 在教学变革中华丽转身

数字时代对教师提出了全新的要求，教师要尽快熟练掌握信息技术，克服习惯性行为和思维路线，从传统的教学模式中解放出来，用与时俱进的数字化思维去应对日新月异的教育现状。在传统的知识传递结构中，教师处于"传道、授业、解惑"的核心地位，步入数字时代后，计算机和网络技术悄然改变了知识传递和信息传播的方式，也动摇了教师解读知识时说一不二的绝对权威。当各类优质的教学资源触手可及，学生们熟谙网络技术，在资源的获取、信息的交流、技术的支撑上均有前所未有的优势，教师完全可以放开手脚，大胆地对课堂教学进行创新和探索。各种信息技术的综合运用，使教学活动打破时空的局限，不再拘泥于教室这一方小天地，而且赋予课堂更博大的概念，人人在课堂里感到安全和愉悦，都能实现自己的多彩梦想。在这样的课堂上，师生之间的知识传递是双向的、流动的、平等的，师生的观点皆可讨论、推敲并且经过平等的对话、协商后定论，师生关系从"面对面"的训导转变为"肩并肩"的奋斗。学生娴熟的信息技术在数字化教学环境下对教师的专业成长也形成正向的推动作用，教师要走下"为师者尊"的"圣坛"，以宽广的教育情怀、开放的教育姿态实现教师角色的华丽转身，虚心向学生请教，成为教学过程中并肩奋斗的战友，真正实现"教学相长"的境界。

陈玉琨教授说过：现代社会对教师的要求是识大势，认清社会对我们的要求；明大事，知道现阶段我们需要做什么。所以，做一个"识大势、明大事"的教师吧，用倾情付出的职业态度应对数字时代，如此，专业命运尽在你我掌心，一切发展皆有可能！

（原文发表于《江苏教育》，2014 年第 11 期）

第四节 大赛磨砺

望闻问切 备靓赛课

近年来，职业学校各级各类赛事烽烟四起，就江苏省内而言，"教学大赛""创新创业大赛""技能大赛"风起云涌，各校自己组织的各种"青年教师基本功大赛""骨干教师展示课比赛"等更是不胜枚举。参加赛课已经成为教师职业生涯中不可或缺的一个环节。如何让自己的课堂流光溢彩，在赛课中脱颖而出呢？笔者认为，通过中医"望、闻、问、切"这"四大法宝"，在比赛之前把课备新、备精、备靓至关重要。

一、"望"

"望"在中医上指医生通过观望病人的神色、形态，来推断病人的寒热虚实。笔者认为，可以借鉴"望"的技巧，通过观摩优课来取长补短，通过广集资源来拓宽视角。

比赛前观摩优课是必不可少的。泰山不拒细壤，故能成其高。观摩学习不仅是赛前的必备功夫，平时也要坚持不懈地去看、去听、去悟。一要通过"望"学习他人之长，为己所用。笔者在参加"教学大赛"之前，就大量地听取了本校和外校一些资深教师的课例，在听一位老教师用情境教学法教授"Seeing a doctor"这一节课时获得了启发，于是在自己的比赛课中也把"How to take care of your teeth"整篇课文设置到一个真实的情景中，"My son likes sweet very much. Now he has decayed teeth and cries everyday. Please help him."。鲜活的情景激发了学生的学习兴趣，争先恐后地想帮助哭泣的小孩，随着情景的变换、问题的深入，一篇枯燥的科普文变得生动活泼起来。二要善于总结他人教学过程中的瑕疵，在自己的课堂上尽量规避。课堂教学历来被称为"遗憾的艺术"。所以教师在课堂上瑕瑜互见是常事。教者往往因为"身在此山中"而浑然不觉。而观摩者常能一针见血地看到教者教学设计疏漏之处，因而加深印象，在自己的教学中便能做到"不在同一个地方摔跤"。

比赛前广泛收集资料能为一节靓课奠定基础。网络技术的发展给我们带来了丰富的教学资源，各种类型的教案、课件、说课稿让人眼花缭乱，不知所措。此时参赛者就要擦亮眼睛，要博览，会鉴别，有取舍。博览是因为要广集信息，拥有新鲜的知识感知，进行原汁原味地"浸泡"；鉴别是结合具体班情学情、结合课程背景、结合教材编排和教师的个性潜能等提取对自己有用有效的信息；取舍是为了避免陷入"人云亦云、亦步亦趋"的迷阵，取舍时要有"弱水三千，我只取一瓢饮"的气魄，因而在广集信息的同时，要敢于割舍，才能优而得，如同武侠世界里的"吸星大法"，化外力为己用。

通过"望"的阶段，参赛者对知识内涵和教学流程的理解能达到一种通透的境界，要有心明如镜的透彻感，要懂得像镜子反射阳光一样，将备课的思路引向一个方向，聚焦在那个点上。

二、"闻"

"闻"的本意是"听"，医学中是指医生通过嗅觉判定病人的发病部位，病情的轻重。笔者认为，"闻"的法宝在这里也同样适用，参赛前教师对职业教育改革的方向、教育理念发展的趋势等要有敏感的嗅觉，避免因循守旧，千篇一律地按老套路施教，满足于按部就班、缺乏新意的"匠式"教学。

以江苏省的"五课教研""两课评比"为例，其对中职公共基础课程来讲，是开辟了一条新路，要求教者从单元和模块的角度来审视教学。以前省内组织的各类优课评比，往往灵动如小令，一堂课定高下，颇有高考"一卷定终身"的味道。两课评比从教学设计评比到上课比赛到说课比赛、专家答辩，迁延如套曲，更讲究起承转合，整体布局，局部出新。所谓"闻弦歌而知雅意"，参赛者要敏锐地把握职业教育的脉动，将最新的教育教学理念和元素融入自己的教学中，成功便近在咫尺。我校的一位教师参加两课评比时借鉴时下颇为流行的"大单元教学"，打破了原有的教材编排秩序，将单元学习任务作为一个整体来布局，把"Warming up""Speaking""Reading""Grammar"整合成教学项目，从项目延伸到课程，"有破有立"形成贯通的教学体系。该教师把几个热门的职业教育问题的解决作为教学突破点——如何还原职教课堂本真，如何将以生为本落到实处，如何将任务单导学落到实处，契合了职业教育理念发展的趋势，在比赛中深受好评，折桂而归。

通过"闻"的阶段，参赛者对自己教学过程中所体现的教学理念和采用的教学技术已经达到一个"心领神会"的境界，课的雏形在脑海中基本出炉。如何达到教学合一、实现师生对接？如何"择高处立""就平地坐"，实践以学定教的教育理念？参赛者洞幽烛微之后，心中会觉光亮和通透。

三、"问"

"问"是医生看病最常用的方法。通过问病人发病的部位、病变的表现来推断患者的病症。同样"问"也是备赛时必不可少的手段。资深教师的真知灼见、有相似参赛经历教师的经验之谈都会让参赛者获得大量有用信息，少走弯路。

备赛过程中，参赛者可以就赛课中的一些常见问题向老教师请教，比如课堂氛围如何调动，知识点和学生实际如何结合，框架如何搭建，任务如何设置，重难点如何突破，教师如何点评，等等。也可以在磨课的过程中就一些突发问题寻求良策，比如本堂课有没有给学生思考的空间？热热闹闹的小组合作学习有没有流于形式？"项目引领、任务导学"是否具有专业特色？能否将某些环节删繁就简进行"整合"，点燃学生的探究欲望？某个环节的处理还有没有其他更佳方法？只有多询问，多质疑，才会在思考的过程中产生"创新"的火花，给课堂多添几抹亮色。

通过"问"的阶段，参赛者会跨越心中一个个困惑的"坎儿"，走出"孤军作战"的"死胡同"，教学过程会一次比一次地顺畅。

四、"切"

中医学的"切"是"切脉"，通过掌握脉搏的缓急、强弱、节律，以推测患者是寒症，还是热症，是实症还是虚症，进而分析病因，进行治疗。这里的"切"，指的是赛前磨课，邀请资深教师为参赛课把脉会诊。

所谓"人无完人"，"课无完课"，即便是名家大师的课，也是仁者见仁，智者见智，课有瑕疵是难免的。也因此磨课才有其存在的价值——共同探讨，有待完善，催人思考，予人方向。教师只有正视磨课中出现的问题，有解决问题的激情和勇气，赛课才能焕发生命，真正回归到教学的本真。磨课的过程中，参赛者不仅要与听课专家交流，还要与组内老师、与班上学生、与自己交流，静心反思，剖析优点和缺点，将智慧的结晶落到下一堂课上，这样通过一次次的"炼炉"运动，实现教学水平质的飞跃。

今年笔者在参加一次比赛课前，磨课的同人们"诊"出了课堂的几个瑕疵和硬伤，比如课堂结构的"流水席"，教师口语中出现的几处"常识性口误"，某些边缘生在小组活动时的"寂寞游离""格格不入"，师生角色互动时的"水面微波""作秀味浓"等。同人的会诊让笔者豁然开朗，获益良多。

通过"切"的阶段，参赛者对教学内容、教学环节、课堂流程、节奏和一些关键点的把握便会了然于心，同时对课堂上可能出现的问题也会有充分的估计和准备。对课堂有绝对的掌控信心，能顺利解决赛课时出现的任何"沟沟壑壑"。

从"望""闻""问""切"到踏进赛场，从只关注三尺讲台、方寸之地，到视野聚焦到课程体系、专业建构层面来审视课堂，赛课让参赛教师的飞跃不只是一点点。有这样一句话："天堂离我仅一步之遥，可却永远达不到。"比赛课于参赛教师的确是这样一种悲喜交织的感觉。可正是这样的过程，这种永无止境的探求让参赛者体验到了教学水平的提高和专业素养的提升。这是对参赛者的挑战，也是赛课的魅力所在。

（原文发表于《科学大众》，2012 年第 9 期）

参考文献

［1］张健. 回归职业教育的原点［J］. 江苏教育，2016（9）.

［2］魏明. 改革开放 40 年我国职业教育课程改革历程审视［J］. 中国职业技术教育，2018（28）.

［3］姜大源. 关于职业教育供需关系的理性思考［J］. 江苏教育，2010（18）.

［4］薛郁华. "自主·导学"课堂中教师"导"的策略［J］. 江苏教育，2016（59）.

［5］李镇西. 成长是最好的奖励［J］. 江苏教育，2016（63）.

［6］朱永新. "新教育实验"的内涵与追求［J］. 内蒙古教育，2005（5）.

［7］叶水涛. 新教育实验的海门样本——评许新海的新著《变革的力量》［J］. 华夏教师，2018（28）.

［8］徐晔. 供给侧改革视角下高等职业教育深化校企合作的路径探析［J］. 中国职业技术教育，2017（27）.

［9］卢春林，崔红梅. 教育供给侧改革背景下高职院校英语教学改革［J］. 郑州铁路职业技术学院学报，2017（3）.

［10］蔡文伯，高睿. 破解与选择：职业教育供给侧改革的思路与策略［J］. 教育与职业，2017（2）.

［11］张雪，罗章. 职业教育供给侧改革的内涵、价值与策略［J］. 教育与职业，2017（1）.

［12］学为中心的意蕴与价值［J］. 教育视界，2018（Z1）.

［13］陈宏艳，徐国庆. 职业教育学生核心素养体系构建：背景与思路［J］. 当代职业教育，2018（1）.

［14］李建红. 开放、协同、创新：职教名师工作室共同体的构建［J］.

江苏教育研究，2016（18）.

　　[15]马宇民，刘炜杰.关于名师工作室建设三个基本问题的思考——以职业学校名师工作室为例[J].职教论坛，2017（15）.

　　[16]陈兆芳.名师工作室引领下高职教师发展共同体的构建[J].高等职业教育（天津职业大学学报），2016（1）.

后　记
——一路花香　满衣征尘

8年前，我从普教转入职教，所有的积淀归零，一切从头开始。

8年来，每天迎接我的，是校园晨露晶莹的第一缕曙光；陪伴我的，是办公楼深夜温暖的灯光。我始终相信，唯有勤奋和执着才会雕琢出最美的岁月印痕。

《礼记·学记》有言："善歌者，使人继其声。善教者，使人继其志。"8年职教生涯，我深深地体会到这一点。教育教学的幸福在于，我们不但要成功地把知识和方法传授给我们的学生，还要看到我们的教育在孩子们身上发生作用时所放射出来的美好品质和精神之光。

教育是一项直抵人心灵且不染纤尘的事业，教师在用心经营的过程中体现出来的无私无悔，就算疏淡无痕，也会自然而然打动学生。就像一首诗会在无意间打动它的读者一样，一切都是在不经意间发生的。一旦学生内心最柔软的部分被触动了，教育的成功也就开始了。作为职业教育阵营里的教师，我们在教育过程中所体会到的烦冗复杂和艰辛疲累尤过他人，但成功的喜悦感和成就感也尤胜他人。我始终相信，每一朵花里都隐藏着果实，每一个孩子的优秀都等待着被唤醒。我愿倾注全部的心血，用爱心去紧扣那一颗颗温热的心灵。近五年，我指导学生在省市级技能大赛、文明风采大赛、创新大赛中获金牌银牌16次，这些成绩证明，职业教育同样能培养出精英学生。

从普教到职教，我对课堂的理解和教改的思索更加深刻。2014

年，学校成立了"职味"英语名师工作室；2018年工作室免答辩晋升为省级名师工作室。在以"学习—实践—反思—研究—再实践"为活动路径、"问道名师，聚焦核心素养，打造职味课堂"的研究背景下，我和一群热血职教人不断追溯职业教育的本源，用不断地学习，刷新教学理念、丰厚自己的课堂。我和工作室成员以"职味课堂"教学模式参加教学比赛，多次获国家级、省市级金牌、银牌。"职味课堂"在职业学校落地生根，花香怡人。

做教学科研需要心中有信仰，正是因为有了信仰，我们对于教育积岁累月的热爱日渐接近一种燃烧的状态，对生活本身也充满了美好的情愫。在追逐"职味"的征途中，我体验到了长夜坚守的无悔和破茧成蝶的幸福。